Irmgard Harder

Wiehnachten överall

Quickborn-Verlag

Die plattdeutsche Schreibweise
ist unverändert vom Autor übernommen worden.

3. Auflage 1994

ISBN 3-87651-136-4

Umschlagabbildung: Wolfgang Nagl, Hamburg
Gesamtherstellung: Clausen & Bosse GmbH, Leck
Printed in Germany

Inhalt

Für Paul

Statts en lütte Vörreed'

»Weihnachten kommt immer so plötzlich!« *sä mien ole Tante Jule*, »und ich kann und kann das nu mal nich ab!« *Aver dat hett allens nix holpen. Wiehnachten keem, wat Tante Jule dat nu afkunn oder nich.*

☆

»Immer noch?« *sä de lütte Jung an 24. Dezember morgens bi 't Fröhstück, as sien Oma em fierlich verkloren wull, dat vundaag nu endli Wiehnachten warden schull. Dor sett sien Mudder noch gau to:* »Und heute abend kommt auch der liebe Weihnachtsmann und bringt den artigen Kindern lauter schöne Sachen!« *De Jung keek ehr so vun de Siet an:* »Was? Schon wieder? Der war doch erst gestern im Kindergarten! Und in der Stadt, da vor Karstadt, da war er doch auch!«

☆

»Was können wir bloß Opa zu Weihnachten schenken?« *sä de Mann to sien Fru, de al mit luder Rullen vun Wiehnachts-Geschenkpapier hanteren de un jüst probeer, wat dat Geschenkband in der Farv dor ok to passen kunn.* »Weiß ich doch nicht«, *sä se*, »was kann'n so'n alten Mann schon schenken? Er hat doch alles. Hol' man 'ne Flasche Wein aus 'm Keller.«

»Weihnachten! Hör bloß auf! Was is ’n das noch? Konsumterror! Mit mir nich, nee!« *sä de spinnbeenige Jungkierl to sien Fründin, as se vör en Schaufinster vull blänkern Goldsmuck stünnen.* »Aber aussehen tut das bestimmt toll!« *sä de Deern mit de langen Wuschelhaar, ehrer se sik vun em wieder tarren leet.*

☆

»Früher war es doch alles viel schöner«, *sä de ole Weetfru to ehr Süster*, »was waren wir aufgeregt!« »Und weißt du noch«, *sä de annere*, »wie du mal mitten im Weihnachtsgedicht stecken geblieben bist?« »Und wie du«, *geef de ol Weetfru trüch*, »mir mal das ganze Marzipan vom bunten Teller weggefressen hast?«

☆

»Die ist aber schön!« *reep de elegante Daam’ in den Speeltüchladen un lang ganz unverwohrens mit ehr beide Hannen na en Popp mit dicke blonde Zöpp*, »und gerade so eine hab’ ich mir immer und immer gewünscht!« *De Koopmann smuster un meen, nu kunn se sik de Popp doch viellicht sülm kopen.* »Ach nein«, *sä de Daam’ un lach so ’n beten verlegen*, »was soll denn mein Mann dazu sagen . . .«

☆

»Sentimentaler Erinnerungskitsch«, *sä de junge Studienrat to sien Lebensgefährtin, as se in de Schachtel mit Wiehnachtssaken kraam, de se vun to Huus mitbröcht harr.* »Aber laß mich doch wenigstens den Stern ins Fenster hängen«, *sä se*, »der leuchtet immer so schön, wenn man aufs Haus zukommt.«

☆

»Was soll ich diesmal denn bloß machen«, *sä de Paster un löhn sik mööd in sienen Schriefdischsessel trüch*, »es ist doch immer und immer und immer das Gleiche, die gleichen Lieder, der gleiche Text – ach, und eigentlich auch immer die gleiche Predigt.« *Sien Fru stünn achter em un strakel em sachen över den griesen Kopp.* »Das lass 'man auch so«, *sä se*, »genau das wollen die Leute ja hören. Die kommen doch man bloß Weihnachten in die Kirche, da wollen sie das hören, was sie schon lange kennen. Da ist denn doch wenigstens was, worauf sie sich verlassen können, was immer wieder kommt.«

☆

»Ich weiß gar nicht«, *sä de junge Postbüdel to den olen Mann mit den langen witten Boort un den groten Sack op 'n Rüch*, »ob der Busfahrer Sie mit so 'n Packen mitnimmt. Soll ich Ihnen mal helfen?« *Se stünnen beid' an de Bushaltestell'. De Postbüdel weer mit sien Tour dörch un wull nu trüch na 't Postamt.* »Lassen Sie man«, *gnurr de Ool, aver dat klüng heel fründli*, »das bin ich gewohnt.« *De junge Mann sä:* »Ja, ja, man schleppt sich was zusammen in diesen Tagen. Möchte bloß mal wissen, was die Leute immer alles so in die Pakete packen!« *De ole Mann keek em an, smuster so 'n ganz lütt beten und sä:* »Träume!« *Den jungen Postbüdel wörr miteens ganz wunnerlich üm 't Hart. Wat harr de ole Mann denn blots för Ogen! Un wat harr he dor seggt? Wat meen he denn mit »Träume«? De Jung keek un keek, un em weer, as harr he den Olen al mal sehn, aver dat müss lange Johren her sien, as he noch lütt weer, ganz lütt... – un miteens keem em düsse Vers in 'n Sinn:* »Lieber guter Weihnachtsmann, sieh mich nicht so böse an...« *Verdammi, wat weer denn los!? He müss sik tosomenrieten – weer vundaag woll doch 'n beten veel west mit all de Wiehnachtspost. Un denn keem de Bus. Aver de ole Mann mit den witten Boort un den groten Sack op 'n Rüch – wo weer de afbleben?* »Also nu steig' endlich ein«, *reep em de Busfohrer to,* »worauf wartest du denn noch?« *De junge Postbüdel seech den Olen al ganz wiet in de Feerns över't Land lopen, mit den groten Sack op 'n Rüch – ganz vull vun Drööm...*

☆ ☆ ☆

Reisen to Wiehnachten I

»Und woran hatten Sie so gedacht?«

Jo, wo heff ik an dacht? Rut, heff ik dacht, eenfach weg! Düssen ganzen Wiehnachtsrummel, nee, nu nich mehr! Johr för Johr datsülwige. Un dat ward jümmers duller.

Wat is se smuck, de junge Fru in 't Reisebüro! Se verköfft Reisen, so as anner junge Fruens Strümp un Blusen. Oder Parfum. Jo, dat paßt beter: »Der Duft der großen weiten Welt«...

»Wir haben hier ein sehr schönes Angebot – und sehr günstig. Madeira. Fünf-Sterne-Hotel. Kann ich empfehlen: Sehr gepflegtes Haus, liegt wunderbar – und das Klima, wie Seide...«

Na, dat weer doch wat! Schickes Hotel, un de Luft, de strakelt een, week un warm, un de Bööm – all in vulle Blööd... Madeira!!

»Tjä«, segg ik denn, noch recht wat tögerig, »Madeira – warum nicht? Wissen Sie, Weihnachten...«

»Gewiß«, seggt de smucke junge Fru, un dat lett, as leeg de helle Sünnenschien op ehr Gesicht, »gefeiert wird da ja auch! Gerade in diesem Haus – die Frau des Besitzers ist Deutsche – sie machen das da sehr stilvoll. Den Tannenbaum lassen sie sich extra kommen...«

Och so. Den Dannenboom mööt wi also nich missen, op Madeira, wo de Luft so week as Sied is.

An den lütten Tresen, en Stück wieder lanks, snackt

luudhals un bannig forsch ’n poor junge Lüüd, de för Gewalt weten wüllt, wo to Wiehnachten denn nu wiss un warrafti Snee liggen deit. Se wüllt de Tiet nütten un Ski fohren un nasten, över Sylvester, in ’t niege Johr rinsusen.

»Ich glaube«, höör ik mi to de junge Fru seggen, mien Gedanken küselt mal wedder um ’neen, as jümmers wenn ’t üm Wiehnachten geiht, »ich glaube, ich muß es mir doch noch mal überlegen ... und natürlich auch mit meinem Mann darüber reden ...«

»Warten Sie nicht zu lange, es ist alles schon sehr ausgebucht.«

Nee, nee, kann ik mi jo denken. Gifft jo veel Lüüd, de utkniepen un eenfach verreisen wüllt, weg vun all dat Gedrief un den ganzen Rummel. De utkniepen wüllt vör all den Ümstand mit dat Eten un de Geschenken. De utkniepen wüllt – ok vör sik sülm. Un nu al is allens meist besett, vörbestellt, »ausgebucht«? Wi hebbt aver doch eers September ...

☆

De Breef

Nee, wat ’n Breef! Eers heff ik mi wunnert, dat se mi överhaupt schreben harr. Harr se nich anropen kunnt? Dor weer se billiger bi wegkamen – Ortsgespräch.

Aver nee, schreben hett se. Viellicht to Nachttiet, hett viellicht nich slapen kunnt. Na ja, wenn een sowat dörch ’n Kopp geiht, keen Wunner. Un wat schall ik dorop seggen? Ik? Wedderschrieben? Anropen? Wenn ik blots wüss, wat ik dor nu op seggen schull...

De lustige Lisbeth, as wi ehr jümmers nömen, de schreef mi so en Breef! Jiechensen Luus weer ehr jo woll ehrgüstern abend al över de Lebber krapen, as wi all tosomen bi Fründ Henning seten, ganz gemütlich an 't Kaminfüer.

De Kamin weer ganz nie, un Henning un Hilde harrn dat gor nich aftöben kunnt, bet dat endli mal richdig köhlig warden de. De Summer weer so lang un warm west, aver nu möök de Harfst sik doch künnig. Mit Regen un mit Wind, de dörch den Schosteen hulen un jammern de. En Klöönabend an't Kaminfüer, jo, dat pass so recht to düt Weder.

Tosomen mit Frünnen un Navers seten wi in en lütt nette Runn. Lisbeth höör dor ok mit to. De lustige Lisbeth: Man eben över föfftig, gesund un kregel, stünn en groot Geschäft vör, dat harr se eers vör veer Johren övernehmen müßt, as ehr Mann miteens so starbenskrank wörr. En half Johr later weer se Wetfru. Slimm för Lisbeth, aver ünnerkriegen, nee! Se hool sik stief. Weer jo to bewunnern, wo se trecht keem un mit de Tiet sogor ehr Lachen wedder finnen kunn.

Blots ehrgüstern abend, dor weer se jümmers stiller worrn, dat kennen wi sünst gor nich an ehr. Un denn weer se opstahn un rutgahn. Eers hett sik dor nümms wat bi dacht; na'n ganze Wiel hörten wi en Döör in 't Slott fallen. Weer dat de Huusdöör west? Henning stünn forts op, wi hörten em buten op de Deel hen un hergahn, Dören op un tomaken, ok de Huusdör; wi hörten em ropen, un denn keem he wedder rin. »Lisbeth is weggahn«, sä he, »ehr Mantel hangt dor nich mehr.«

Woso dat denn? Weer se krank? Föhl se sik miteens nich? Dat harr se doch seggen kunnt! Wi kennen uns doch all lang un good noog. Harr een vun uns wat seggt, wo se sik över argert harr? Nee, Lisbeth doch nich! Wenn de wat nich passen de, denn sä se dat, klor un düdli. An 'n Wagen fohren leet de sik nich. Un överto, wo harrn wi denn groot över snackt? Över Wiehnachten harrn wi snackt un wat jedereen vun uns sik dor so vörnahmen harr to 't Fest. Welk wullen verreisen, welk müssen ehr Öllern besöken, welk schullen ehr ole Mudder halen un to sik nehmen, de een harr dat Huus vull mit Kinner un Enkel, de anner . . . och, ik weet nich mehr. Jedereen harr so sien Probleme. Jüst to Wiehnachten. Dor weer Lisbeth eenfach rutlopen.

Un nun harr se mi schreben. Schreben, worüm se rutlopen weer. Un nu wüss ik dat.

Ik reep glieks bi Henning un Helga an. Helga mell sik, un ik fraag ehr, wat se vun Lisbeth ok Post kregen harr.

»Post?!« sä se verbaast, »vun Lisbeth? Wat för Post denn?«

»Mi hett se aver schreben«, un miteens wüss ik nich, wat ik Helga den Breef nu vörlesen kunn oder wat ik 't lever laten schull.

»Schreben – woso egentli? Wat hett se di denn schreben? Is se krank? Se weer jo al so gediegen, ehrgüstern; un eenfach so weglopen, sowat kennt wi gor nich an ehr. Ik heff noch versöcht, se antoropen, aver dor mell sik nümms.«

Un denn vertell ik Helga doch, för Lisbeth weer dat eben toveel west, wat wi uns so över Wiehnachten tosomen snackt harrn. Dor harr ehr Lustigkeit nich för langt.

»Jo, wat hebbt wi denn groot snackt«, Helga kunn dat gor nich begriepen, »ik weet gor nich mehr – weer doch gor nix Besünners. Wiehnachten – dat kennt doch jeder, wat dor allens mit vermaakt is. Dat is doch nich blots Dannenboom-Besorgen un Geschenken-Inkopen. Gifft doch ok 'n Barg Maleschen. Dor kann 'n doch woll mal över snacken!«

Un dat harrn wi ok, so vertruut, as Minschen mit 'n anner snackt, de sik lang al kennt, ok de »Familienverhältnisse« – so in 't Groten un Ganzen, versteiht sik. Aver eben doch woll nich good noog. Anners harr Lisbeth mi nich so 'n Breef schreben.

»Is för ehr woll doch 'n beten veel west«, sä ik to Helga, »wo se mit allens alleen trecht kamen mutt. Wi vergeet dat blots, wi hebbt jo Familie. Un se eben nich.«

»Na, weetst du«, ik kunn meist hören, wo Helga koppschüdden de, »mit de Familie is dat ok man so 'n Saak; Probleme hebbt wi dor jo all mit. Dat weet wi jo nu.«

»Un dat gifft ok keen Rezept, wo 'n dor an 'n besten mit fardig warden kann«, sä ik, »bi den een is dat so un bi den annern so; is man good, wenn 'n jedeneen op sien egen Fasson selig warden lett.«

»Wo meenst dat«, fraag Helga, »vun ›selig‹ is doch nu warrafti nich de Red 'west. In 'n Gegendeel!«

»Jo, aver Lisbeth meent dat. Uns Sorgen un Probleme, de harr se sülm giern hatt, dor wörr se giern ehr Sorgen för intuschen.«

»Wat?« reep Helga, »dorüm is se weglopen? Hett se di dat schreben? Segg blots!«

Ik verkloor Helga, wo för Lisbeth dat Alleen-Sien woll doch nich so licht weer, ok wenn se jümmers so de, as keem se dor good mit klaar. Un jüst Wiehnachten, dor föhl se dat ganz besünners düdli; wo wi dor nu all vun snackt harrn, wat wi uns to ’t Fest so vörnahmen harrn oder wo wi mit togangen kamen müssen, tjä, dor harr se dat woll meist över ’n Kopp kregen. Hett sik ganz butenvör föhlt. Dorüm is se ok rutlopen, ehrer se uns wat vörhuult harr, de lustige Lisbeth. Dat Hulen hett se nasten to Huus besorgt. Luud – weer jo nümms, de ehr hören kunn. Wi all wüssen jo nich, wo good wi dat harrn, hett se schreet, wi harrn jo noch Mann, Kinner, Öllern, mit de wi fiern kunnen. Se harr nix. Nümms, de to ehr höör un ok nümms, to den se hören kunn. Jo, un dat müss se eenmal opschrieben, forts, noch in desülwige Nacht müss se dat opschrieben. Annern Dag harr se dor viellicht keen Moot mehr to hatt. Un denn hett se noch tosett, ik schull ehr dat man nich för övel nehmen, aver dat müss se loswarden, un nu weer ehr ok al beter. Aver wi schullen doch man dankbar sien, dat wi noch Minschen harrn, de to uns hören dehn.

Helga bleef ’n Ogenblick still. Denn sä se tögerig: »Also nee, dat bün ik nich vermoden west. Wat kann ’n denn maken? Schüllt wi se inladen, Wiehnachtenabend? Dat mutt denn eben gahn . . . oder wüllt Ji viellicht, ik meen, dat paßt bi Ju viellicht beter?«

»Wi sünd doch gor nich to Huus«, sä ik, »dor hebbt wi doch lang un breed vun vertellt. Un överto: Ik glööv, dat ännert nix. Dor is ehr nich mit holpen. Dat kann se blots ganz alleen.«

»Schall ik ehr mal anropen«, meen Helga, »ik meen, jiechenswat mutt 'n doch doon!«

»Dat laat man lever«, sä ik, »schreben hett se jo an mi; un se hett mi dor'n Stück vun ehr Binnerst wies warden laten, wat se anners jo heel good versteken kann.«

»Na, weetst du, dor mutt ik eersmal över nadenken. Ok wo wi ehrgüstern vun snackt harrn, dat geiht mi noch lang nich ut 'n Kopp.«

Nee, Helga harr recht, mi güng de Saak ok nich ut 'n Kopp. Un nich blots wegen den Breef. Ik heff lang nich mehr so över Wiehnachten nadacht, as na düssen Abend vör dat Kaminfüer. Wat keem dor blots allens vördag! Aver in 't Halfdüster snackt sik dor anners över as in 't helle Licht. Un een kümmt allerhand in 'n Sinn, wo 'n meist nich mehr an dacht harr.

As lütte Deern heff ik dat gor nich anners kennt: Wiehnachtenabend kemen jümmers Oma un Opa. Se kemen to uns – aver nie nich sünd wi Wiehnachtenabend bi Oma un Opa west. Mien Mudder stünn meist in de Kööк. Ik seh dat noch düdli vör mi: Mit hochroden Kopp un flegen Haar hanteer se an Herd un Kökendisch. Ik dörf ehr jo nich toneeg kamen! Mal leep se mit Wenen rut un verswunn in de Slapkamer. Dor hörten wi ehr luudhals rohren. Wieldess harr Oma den Kraam in de Kööк stillswiegens un mit tosomenknepen Mund sülm övernahmen. Üm mi kümmer sik nümms. De Groten harrn noog mit sik to doon. Un eers na lange Johren hett Mudder mi mal andüüd, wo suer ehr dat ankamen is, dormols, wenn Oma jümmers blangen ehr stünn un mit gode Raadslöög nich sparen kunn. Se meen dat jo man blots good...

Gediegen, dat ik düsse Geschicht' nie vergeten heff, all de velen, velen Johren nich! Aver Mudder harr se ok nich vergeten, ok vele, vele Johrn nich. Oma heff ik dor nich mehr na fragen kunnt. Aver ik glööv, se harr dat ok nicht vergeten. Nu heff ik jo in mien Kinnertiet männigmal Wiehnachtenabend beleevt; aver sowat, dat blifft hangen...

Tjä, is woll so: Wiehnachten höört de Familie tosomen. Dat's ole Traditschoon – nich blots bi uns tolannen. Aver wo güng dat bi Lena un Frank? As ganz junges Poor harrn se so giern ehr egen Traditschoon opbuugt, Wiehnachtenabend alleen för sik, un later, mit ehrn lütten Jens tosomen; aver nee, dor weren ok twee Grootmoders, un jede wull Wiehnachtenabend de junge Familie för sik hebben. De een harr 'n grote Wahnung, de anner en Huus. Dat weer jo nu an'n eenfachsten west, se weren all dor tosamen kamen, wo an mehrsten Platz weer. Aver de beiden olen Damen kunnen sik op'n Dood nicht utstahn. Sowat kümmt ok in de besten Familien vör. Frank un Lena bleev nix anners över, as Wiehnachtenabend eers twintig Kilometer na Süden to fohren un nasten fiefunveertig Kilometer na Westen. Tweemal Wiehnachtsboom, tweemal Bescherung, tweemal Fest-Eten. Later hebbt se de Wiehnachtstouren op twee Daag verdeelt – aver gemütli to Huus bi'n egen Dannenboom sitten, dor kemen se eers to, as se keen ganz so junges Paar mehr weren. Blots dor hebbt se denn vun de Tiet snackt, as se noch – alle Johr wedder – Wiehnachtenabend eers twintig Kilometer na Süden un nasten fiefunveertig Kilometer na Westen fohren müssen. Un tweemal Fest-Eten harrn se nu eers recht nich mehr verdregen kunnt. Un wat de lütte Jens is, de is wieldess groot un fiert mit sien Fründin. Alleen to tweet.

Du leve Tiet, jedereen müss nu mal so Wiehnachten fiern, as de Ümstänn' dat verlangen deen. So richtig utsöken kunn sik dat keeneen. Aver tuschen, mit allens wat dor töhöört, nee, tuschen wull ok nümms mit den annern. Blots Lisbeth, de weer weglopen. Wat mit ehr woll een tuschen wörr?

Ik heff ehr denn doch anropen.

»Hallo, Lisbeth«, heff ik seggt, »ik wull blots mal fragen, wo di dat geiht.«

»Mi? Oh – danke. Mi geiht dat good. Woso?«

Ehr Stimm' klüng as jümmers. Nix weer to hören vun Vertwiefeln un Bang. Mi weer 't meist schaneerlich – egentli wull ik to ehrn Breef wat seggen, wat ik mi so wieldess överleggt harr, keen Trost – nee, dat nich, aver viellicht 'n poor Gedanken, de ehr helpen kunnen. Miteens harr ik so dat Geföhl, dat kunn verkehrt sien. Ok wenn ik mi good in se rinversetten kunn – se wörr mi dat nich afnehmen. Wi stünnen all beid' op en verschieden Flach. Un blots vun düt Flach ut kunn de Minsch sien Weg finnen. Dat kunn em nümms afnehmen. Ok mit de besten Afsichten nich.

»Du, dat hett fein klappt«, höör ik ehr seggen, »an 15. Dezember fohr ik in Urlaub! Wi sünd to drüdd –

dat kann heel lustig warden mit uns! Un 'n goden Vertreder för 't Geschäft heff ik ok. De kann den Kraam alleen smieten, dor bruukt he mi nich to!« Se lach.

»Wo schöön för di«, 'n beten verbaast weer ik jo doch, »för gode Wünsch' to de Reis' is dat nu woll noch 'n beten fröh.«

»Och, de kann ik jümmers bruken!«, lach se wedder, »aver bet dorhen seht wi uns viellicht noch mal. Ik mutt doch ok mien Wiehnachtswünsch' loswarden ehrer de Reis' losgeiht!«

Un ik harr noch nich mal fraagt, wo se denn hen wull. Aver dat leet, as wüss se heel good, wo 't lanks gahn müss.

☆ ☆ ☆

Reisen to Wiehnachten II

Wat hebbt wi över de Landkorten seten! Wat hebbt wi in Kataloge blädert, Prospekten studeert; un all de bunten Biller wullen uns dat Blaue vun ’n Heben verspreken, wiede See un slohwitten Strand, smucke Hotels mank Palmen un bunte Blomen, un Sünn un Warms jümmers un överall, un, nich to vergeten dat Gala-Diner Wiehnachtenabend un dat Fest-Menu an ’n ersten Fierdag.

»Ik weet nich«, seggt Gustav, »also nee, ik weet nich recht...«

»Wat weetst du nich?« fraag ik. Dorbi weet ik ganz good, wat he nich weet.

»Wüllt wi nich lever doch in de Bargen? Wo Snee is? Dat mutt jo schön utsehn, jüst denn, ›Leise rieselt der Schnee‹... tjä, as een sik dat richdige Wiehnachten so vörstellt...« He blädert jüst in en Katalog: Blänkern Snee, Dannen mit dicke witte Sneemützen, un lachen Lüüd in knallbunte Jacken un enge Büxen – all Skilöper!

»Tjä, ik weet nich«, segg ik nu. Un ik weet würkli nich – wat denn?

»Also wenn du ok nich weetst«, seggt Gustav, »denn sünd wi uns jo enig.« Un schüfft den helen Hümpel bunte Prospekten bisied.

»Ik meen, na ja, wi hebbt dor doch jümmers wedder vun snackt, wi wullen weg, verreisen.«

He smustergrient. »Du hest dat jümmers wullt, mien beste Deern, du hest doch jümmers wedder vun all de feinen Reisen snackt, de anner Lüüd to Wiehnachten maakt. Mal muchs du dat ok, hest du jümmers seggt.«

Na ja, afstrieden kann ik dat nich. Alle Johr wedder krieg ik eersmal so 'n Oort Grugen vör 't Fest. Dat fangt al fröh an; wenn wi de ersten »Weihnachtsstollen« in 'n Supermarkt seht un de ersten Büdel mit Bruunkoken.

Nix gegen Wiehnachtsstollen un Bruunkoken – aver in 'n September mag ik dor egentli noch nix vun hören un sehn. Un eten eers recht nich. In 'n Oktober kaamt al de ersten Wiehnachtsmänner in Sicht, de ut Schokolaad, versteiht sik. Un Dannenboomkringel sünd ok al to kriegen.

Wenn aver de ersten Reklamebilagen in de Zeitung künnig maakt, wat de groten Geschäften allens för de »kommenden Wochen« op Lager hebbt, wenn in de Koophüüs Schiller vun de Deek bummelt, wo nix wieder op to lesen is as »Für festliche Stunden«, wenn dat Gedrängel op de Straten in de Stadt anfangt dichter to warden un vele Lüüd so'n gediegen Glanz in de Ogen kriegt, denn stüert dat allens al op dat Fest to; un merrn in 'n November hangt se al de Lichterkeden op, ok wenn in männigeen Gemeen dat nich verlööft is, de Lichten al vör Dodensünndag blänkern to laten.

Denn much ik utneihn, weg vun all dat Gedrief, Wiehnachten is al lang nich mehr, wat dat mal weer, denk ik denn, un in alle Radioprogramme dudelt se vun fröh bet in de Nacht Wiehnachtsleder, un Adventsmusik, mal Rock un mal Pop un mal Klassik.

Nu kaam blots nich un segg, den Rummel bruukst jo nich mittomaken! Jedereen schall op sien egen Fasson selig warden, dat gellt doch woll jümmers noch – oder is dat ok al afschafft worden? Un dorüm will ik rut un weg!

»Good«, seggt Gustav, »denn laat uns.« He steiht op, packt den ganzen Hümpel mit Prospekten biesiet un kraamt en Landkoort ut 't Regal.

»Weetst du«, seggt he denn, »du kannst reisen, wohen du wullt – aver Wiehnachten is överall. Utkniepen kannst nich.«

Tjä, dat is woll wohr. Wat wi na Madeira reist oder na Tirol, is all eendont; un op'tletzt markt een doch, dat de Minsch jüst nu narms anners henhöört, as to Huus. Wenn he man een hett.

En ganze Wiel blifft dat still. Ik mutt mi dor eers langsam mit affinnen, dat wi nu woll doch nich reisen warrt. Harr ik mi dor würkli op freiht? Wenn ik nu aver düsse Kataloge al ankiek un mi so vörstell, wo wi dor in 'ne Frömde sünd, mank luder frömde Lüüd in en frömd Huus – dat mag woll sien, dat wi denn eers richdig markt, wo wenig wi dor egentli to passen köönt.

»Tjä, nu süh mal«, seggt Gustav nu un breedt mit lies Smustern de Koort ut. Dat's en Stratenkort, langt vun Sleswig-Holsteen bet deep na Neddersassen rünner, »wat gifft dat hier bi uns tolannen doch för Stäen, de för uns mit Wiehnachten to doon hebbt. Denk mal an Hamborg, dor büst du groot worden, un ik hier baben, an de Ostseeküst. Denk mal an Vadder un an Grootmudder, wat weet wi vun de för Wiehnachtsgeschichten! Un wat hebbt wi in all de Johren so beleevt, an so veel verschieden Stäen... wenn wi doch nich weet, wo wi würkli hen wüllt, denn laat uns dörch uns Land hier fohren – op uns egen Spören, op uns Wiehnachts-Spören.«

Wat sünd dat nu för Grappen! »Och«, segg ik, »blots mit 'n Finger op de Landkort? Dor kümmst jo billig vun af!«

»Nee, nee«, Gustav schüddköppt, »ik meen dat richdig – wenn dat Weder dor na is, versteiht sik.«

»Na, wenn du an en Sünndagstour bi Sünnenschien denkst«, segg ik, »denn köönt wi man glieks hier blieben. Un uns de Fohrt blots denken, aver nich würkli maken. In düsse Johrstiet is op 't Weder bi uns doch keen Verlaat.«

»Tööf man af«, Gustav lett sik dor nich vun afbringen, »wi maakt keen gewöhnliche Reis'; wi reist na Wiehnachten hen.«

Eers dach ik, dat 's man allens Tühnkraam. Aver nu denk ik dat nich mehr. Wi hebbt de Reis 'maakt. Un sünd dor heel wiet bi rümkamen. Blots woveel Kilometer wi trüchleggt hebbt, dat lett sik in Tallen nich utdrücken, un al gor nich, woveel Liter Benzin wi bruken müssen.

En poor »Souvenirs« hebbt wi ok mitbröcht. Nee, nich welk, de 'n in Andenkenladens kopen kann. Aver mit Wiehnachten hebbt se liekers to doon, ok wenn 'n dat in'n ersten Ogenblick viellicht gor nich so wies warden kann.

Un wenn ik nu beschrieben schall, wo de »Reiseroute« denn würkli lanks güng; jo, dat is gor nich so licht to. Denn de Weg na Wiehnachten hen is för all Minschen verschieden un jedereen mutt em ganz alleen för sik finnen.

☆

Illustrierte Wiehnachten

Wunnern mutt 'n sik jo doch, dat de Zeitungslüüd, de Kalennermaker, de Fotografen un de Postkortenverleger to Wiehnachten jümmers noch wat infallt. All maakt se jo Biller, de wiesen schüllt, wo Wiehnachten utsüht. Tja, wo süht dat denn nu ut?

Ganz fröher, dor keem Wiehnachten – op Biller, meen ik – mit Dannentwiegen un Lichten, Wiehnachtsmann mit Boort, Dannenbööm vull Snee. Ok de hillige Familie dörf nich fehlen, mit Josef un Maria un lütt Jesuskind un mit luder Engels rundüm. Dat geef ok Korten, dor weer so 'n bunten Glitzerkraam opbackt – un as lütte Deern much ik de an 'n leevsten lieden. Un mien Mudder sä, dat weer jo man gresigen Kitsch. Nasten wören se ok verbaden. Nich wegen den Kitsch, un vun Ümwelt wüss een dor ok noch nix. Aver de Glitzerkorten verhakeln sik mit de anner Post un denn flutsch dat nich mehr so, as dat schull.

Ok in Zeitungen un Illustrierte geef dat Wiehnachtsbiller: Alle Johr wedder kemen se mit 'n Wiehnachtsmarkt, mit Dannenbööm un Lichten, mit Kinner, Engel, Wiehnachtsmänner un de hillige Familie hören dor natürlich ok mit to. Un all wullen uns wies maken: Dat is Wiehnachten. Bunt un nüdlich.

Un denn geef dat noch en anner Oort, mit Biller wat vun Wiehnachten to vertellen. De seech twors ok heel bunt un nüdlich ut – blots de weer nich so harmlos. Ok wenn op de Biller lütt nüdliche Jungs to sehn weren. Jungs in Suldatenuniform, richtig mit 'n lütten Stahlhelm un Gewehr mit opsteken Bajonett, männigmal ok mit de dütsche Kriegsflagge in de lütte Fuust. Se keken mit forsche Ogen, düsse lütten Wonneproppen, un wünschen »Fröhliche Weihnachten...« Se müssen sik jo woll good verköpen laten, düsse Biller, dat geef dor 'n ganzen Barg vun. »...und Friede auf Erden, und den Menschen ein Wohlgefallen...« tjä, so sühst du ut! Een schall jo nich glöben, wo verschieden sik dat utdüden lett...

Bi Biller kann 'n sik jo wat denken. Bi Wiehnachtsbiller schall een sik sogor wat denken, glööv ik. Ik heff mi en Foto vun en Illustrierte opbewohrt. Un nu heff ik dat wedder rutkregen: Dor is en Hoochhuus op to sehn, recht so 'n Betonklotz, as'n de hüüttodaags gottloff nich mehr buugt. Un düt Hoochhus, dat steiht groot, gries un düster vör en nachtblauen Heben. Keen Steern to sehn, narms en Licht achter de Finsterschieben. Blots an en enkelt Finster mank all de Düsternis, dor strahlt warm un geel dat Licht vun en elektrischen Wiehnachtssteern. So 'ne Steerns süht 'n jo meist överall. Blots hier is dat nu dat eenzigst Licht rundüm. Un wenn 't ok man blots elektrisch un nix as Dekoratschoon is, dat süht so minschlich ut mank all de düsterblaue Küll, an de een sticken kunn. En enkelten Steern, un denn ok blots ’n elektrischen, dat is as en lütt Stück Höpen.

Un denn heff ik noch en Foto – veel mehr is dor ok nich op to sehn: Blots en Mann, en lütten Dannenboom hett he ünnern Arm, so geiht he över ’t Feld, geiht un geiht – un dor is keen Maal to sehn, nix, wo he hengahn kann, de Mann mit den Dannenboom. Aver jiechenswo will he doch hen – anners wörr he sik jo nich mit den Dannenboom afslepen... wo wiet mutt de woll noch lopen?

Vun gode Frünn hebbt wi en Bild kregen. Dat hebbt se sülm maakt. Dat is ok en Foto, un dor is ok man blots een Licht op to sehn. Aver dat brennt nich mehr. Is al utmaakt. Un steiht nu in so ’n lütten Lüchter vör ’t Finster un spegelt sik in de Schiev. Buten hett dat sneet – an de ünnere Finsterkant’ wasst al en lütten witten Wall hoch. Aver baben lopen de smolten Sneeflocken as Tranen dat Glas dal. Dat rode Licht in den lütt witten Porzellanlüchter spegelt sik, de swattbrennte Docht steiht so piel in ’n Enn, as wull he seggen: Nu kumm doch mal endli mit ’n Rietsticken, dat is kold in düsse Welt.

Düt Bild kümmt ünner Glas un kriggt en Platz, wo ik dat jümmers sehn kann. Nich blots to Wiehnachten.

☆ ☆ ☆

Reisen to Wiehnachten III

»Kiek mal ut 't Finster!«, reep Gustav miteens, »dat sneet!«

Snee? Nu al? Dat sünd wi bi uns tolannen gor nich mehr wennt. Snee gifft dat meist blots noch op Wiehnachtspostkorten.

»Worüm«, fraag ik Gustav, »worüm glöövt wi egentli jümmers, to Wiehnachten müss dat Snee geben? Männigmal kunn 'n denken, ohn Snee weer Wiehnachten gor nich richtig.«

»Gediegen, as ik noch 'n lütten Butjer weer, dor hett dat bi uns männigmal so dull sniet, dat mien Vadder mi op de Schüllern na School bringen müss. Anners weer ik versackt. Achter de Knicks leeg de Snee in kotte Tiet al meterhoch!«

»Un wo oft is dat vorkamen«, frag ik, »alle Johr? Jümmers, wenn dat Wiehnachten warden wull?«

Gustav weet dat nich mehr so genau. Viellicht weer 't man blots een oder twee Mal. Un dat hett em so 'n depen Indruck maakt, dat he noch as meist öllerhaftigen Mann dat Geföhl hett, Snee, so hoch, dat 'n blots op Vadder sien Schüllern to School kamen kann un Vörwiehnachtstiet, Luern op 'n Wiehnachtsmann, Braatappeln un Nööt, dat höör tosomen.

Tokomen Johr sünd wi to Wiehnachten inlaadt: Na Australien! Gustav hett dor en Kusine, de is al as ganz lütte Deern mit ehr Öllern utwannert. Nu, wo't op

Wiehnachten togeiht, schreef se uns, wörr dat endli Summer, se wören na de Bescherung un na de Kark noch Wiehnachenabend an'n Strand fohren un in de See baden. Dat höör bi se mit to 't Fest, un wat wi nich kamen wullen. Platz harrn se noog in't Huus.

Bi uns gifft dat »gröne« oder »witte« Wiehnachten. Meist gröne. Aver blots witte Wiehnachten sünd de »richdigen«.

Dat sniet jümmers noch. Ganz fien drisselt dat, un wenn wi Glück hebbt, höllt dat bet Wiehnachten an.

»Laat uns man in 't Holt fohren«, seggt Gustav, »köönt al mal na 'n Dannenboom kieken.«

»Jo, laat uns fohren! Bi düt Weder süht dat ut, as tööft de ganze Welt op Wiehnachten!«

»Na ja«, seggt Gustav dröög, »wenn du dat meenst... aver dat beten frischen Snee süht nich blots smuck ut, dat 's ok good för de frische Saat. Mehr nich. De Stimmung mutt'n all sülm mitbringen.«

Kiek – un buten blifft de Snee al liggen! Jo, kumm... laat uns fohren!

☆

De Sneemann

De Sneemann stünn op den lütten Grasplatz achter't Huus. Dorbi weer vun Winter betto noch nich recht wat to marken west. Aver miteens keem de Küll, eers mit Regen un Wind un denn mit Snee. Un de Snee bleef liggen, en dünne witte Deek. Grootvadder weer ut ’t Huus kamen un harr sik mit sien Enkel glieks an ’t Wark maakt: De lütte Butje back en Sneeball tosomen, den müss Grootvadder rullen un rullen, he wörr jümmers dicker un dicker, de Ball, un leet op’t letzt en brede gröne Spoor achter sik. Dor weer würkli blots ganz wenig Snee fullen . . .

De Jung in sien bunten Sneeantog leep op sien kotten Been hen un her, sammel mit sien lüerlütten Fusthannschen jümmers niege Klümp vun Snee tosomen un versöch ievrig, de op de grote dicke Kugel to backen. Wieldess harr Grootvadder en twete Kugel rullt, dat weer de Kopp. Un noch ’n beten later keken twee dünne Arms stief na beide Sieden ut, swatte Ogen glupen, un in den breden Mund steek en Piep. De Sneemann weer trecht. Un he smöök. Aver he smöök kold.

Grootvadder un Enkel hebbt ehr Wark denn nochmal vun alle Sieden ankeken. De Jung klopp den Sneemann düchdig op den Buuk, de Ool drück’ den Kopp noch ’n beten faster op de runnen Schüllern, un denn leten se em alleen un güngen trüch in’t warme Huus. In de Nacht hett de Frost em noch faster tosomenfreren laten, över Dag leck de Sünn em över’t Lief, de Sneemann höll stand. Un denn weer jümmers mehr vun dat gröne Gras to sehn, vun den Snee weer meist nix mehr na. Blots ünner den Knick legen noch en poor Resten. De Sneemann seech ganz eensam un verlaten ut.

Un denn böög he sik na vörnöver, ganz sachen un trurig, so verlaten, as he weer. De lütte Jung is nich wedder kamen un Grootvadder harr wat anners to doon, as sik üm den Sneemann to kümmern. Wat harr he ok doon schult? Mit good Tosnacken weer den dikken Kierl jo nich to helpen west. Un nu is he nix mehr as en grieswitten lütten Hümpel, blots de beiden dünnen Arms langt jümmers noch stief na beide Sieden hen. Aver nu kann jedereen sehn, dat sünd man blots twee Bessenstöhls, de Grootvadder över Krüüz in den Sneemann sien Buuk rammt harr. De hebbt em Stütt geben un so lang överduern laten. Aver nu is ok dat vörbi. En lütten Sneeplacken is allens, wat nableben is. Grootvadder kümmt un nimmt de beiden Bessenstöhls weg. Se schüllt wedder dorhen, wo se henhöört: In de Bessenkamer.

☆ ☆ ☆

Reisen to Wiehnachten IV

Jeden Wiehnachtenabend, Johr üm Johr, vun Kiel rop na Flensborg. Un nasten, so gegen Abend, wedder vun Flensborg na Kiel. Nich so ganz laat. Wi wullen vun unsen Wiehnachtsboom to Huus doch ok noch 'n lütt beten hebben. Gustav harr den al an 'n Abend vörher putzt. Dat is jümmers sien schönste Wiehnachtsfreid – un ik, ik dörf em vörher jo nich sehn. Eers nasten, wenn de Lichten brennt, denn bimmelt Gustav mit 'n lüttje Klock, un denn dörf ik kamen. So is dat bi uns.

Aver eers müssen wi na Flensborg.

»Mudder, wullt du Wiehnachten denn nich ok mal to uns kamen?«

»Nee, Kinner, ik mag dat nu nich mehr. In 'n Summer, jo, denn köönt Ji mi mal halen; aver nu in 'n Winter – nee!«

Nie is dor wat ut worden.

»Kaamt Ji man to mi. Ji sünd jo jung, dat maakt Ju jo nix ut!«

Tjä, jung ... kümmt ganz op an, vun wat för 'n Enn een dat ankiekt.

Wi sünd dörch den griesen Winterdag fohrt; an Ekkernförd' vörbi, wo verlaten süht de brede Strand ut, mööd pulscht dat Water an den Soom, wo in 'n Summer lütte Kinner mit Juchen in rümpatscht. Un denn dörch Schwansen bet na Kappeln hoch. Vun de ole

Dreihbrüüch över de Slie kunn ’n de Möven op de Heringstuuns stahn sehn, hungri un slaapri stünnen se dor, op een Been. Wat so ’n Vagel doch allens kann...

Un denn över de Nordstraat dörch Angeln. De griese, griese Winterdag; weer so düdli to marken, dat ’t keen gewöhnlichen Dag weer. Viellicht hebbt wi uns dat ok man blots inbillt’. Aver de ganze Luft weer vull Töben, so vull Vörfreid’. Nu weren se in vele Hüüs dor wiss al bi un putzten den Dannenboom; hier en ganzen groten, dor en lüerlütten, un hier un dor viellicht gor keen... Sogor in de Dörpsstraten harrn se elektrische Lichterkeden ophangt, un in de Finster hüngen Steerns ut Goldpapier.

Jo, Mudder stünn al an ’t Finster; ganz lütt, hoch baben in de sößte Etag’ kunnen wi ehr al sehn.

Och jo, al vör de Wahnungsdöör rüükt dat lecker; se hett wat Godes kaakt. För sik alleen maakt se sowat jo nich. Dat lohnt jo nich, seggt se.

»So, Mudder, un de lütten Paketen dörfst du eers vunnabend opmaken! Un ok denn eers dat Licht ansteken, höörst? Un wees blots vörsichdig mit de Rietsteken, de Dannentwiegen warrn jo so dröög hier in de Warms.«

Op de Kommod’ harrn wi all de lütten Geschenken utbreedt, all in bunt’ Papier wickelt mit gollen Sleufen, un in de Mitt’ en dickes geles Licht. För de Bescherung is allens trecht – vunnabend.

»Och, mööt Ji al wedder los?! Dat güng jo gau...«

»Un wi telefoniert vunnabend, nich Mudder?

Glieks na de Bescherung, nich? Un vertellt uns gegensiedig, wat wi vun 'n Wiehnachtsmann Schööns kregen hebbt.«

Un denn steiht se wedder an 't Finster, ganz lütt. Un wi winkt vun ünnen noch mal rop.

Winkt se trüch? Oder kiekt se wied över de Stadt Flensborg, bet na 'n Haben rünner? Över de Stadt liggt sowat as en güllen Schien. De Karktorns sünd anstrahlt. Nu hett Mudder doch winkt.

»Laat uns man över Sleswig fohren. Eenmal noch an 'n Dom vörbi . . .«

»Meenst, dat noch Tiet is?«

Doch, is noch Tiet. Dor gaht al veel Lüüd rin, un vele Kinner.

Un wi gaht mit.

☆

En reines Hemd för 't Jesuskind

In Sleswig gifft dat en grote un heel ole Kark; dat is de Sleswiger Dom. De hett veer hoge Torns; aver de gröttste is över hunnert Meter hoch. Al vun wieden kann 'n düssen Torn sehn. Staatsch un spitz wiest he na 'n Heben; un wenn de Wind nich so dull geiht, spegelt he sik in't Water vun de Slie.

Dat ganze Johr över kaamt vele Frömde na Sleswig, bewunnert dat ole Buwark vun buten un binnen, kiekt sik all de Sarkophagen ut Marmor un de groten Ölbiller an un staht denn lang un still vör den hogen Snitzaltar vun Hans Brüggemann mit de velen, velen

Figuren, de all so utseht, as weren se egentli lebennig un kunnen blots för düssen eenen Ogenblick an sik holen un müssen glieks wedder to aten anfangen un sik bewegen, jedereen na sien Oort...

Mal stünn dor ok en junge Fru mit ehr lütt Dochder, en Deern vun viellicht fief oder soß Johren. De beiden weren ganz alleen in den hogen Ruum. Dat güng al op Wiehnachten to, veel Frömde kemen nu nich mehr. De Fru harr ehrn Arm üm de Schüllern vun ehr Dochder leggt un dorbi mark se, wo de Lütt 'n beten bewer un meist in sik tosomenkrupen de.

»Ist dir kalt, Sabinchen«, fraag se liesen.

De Lütt schüddköpp un drück sik noch faster in dat weke Fell vun Mudder ehrn Mantel. Dorbi legg se den Kopp in 'n Nacken un keek mit grote Ogen un meist banghaftig op dat Gewimmel vun all de Figuren dor op den Altar. So ganz dicht kunn se dor gor nich rankamen; en dicke rode Snoor hüng verdweer vör de breden Stopen, de na den Altar-Disch ropgüngen. Miteens keem dor en Mann in 'n swatten Antog, steeg eenfach över de Snoor röver un güng liekut an den Altar vörbi un weer denn dor achter verswunnen.

»Darf der das?« fluster de lütte Deern ehr Mudder to.

»Ich glaub' schon, der gehört hierher und hat da bestimmt was zu tun.«

»Ist das der Pastor?« fluster de Deern wedder, »was macht der denn da?«

De Fru schüddköpp. »Nein, Sabinchen«, sä se, »das ist bestimmt nicht der Pastor. Paß man mal auf, der Mann kommt gleich wieder.«

Un dor keem he ok al, ünnern Arm en poor swatte Tafeln mit grote witte Tallen. As he de Fru mit de Deern dor stahn seech, nick he de beiden fründlich to un fraag de Lütt:

»Na, gefällt dir das?«

De Deern keek em verwunnert an, sä aver nix.

»Sabinchen«, de Fru tick ehr Dochder sachen op de Schüller, »der Herr hat dich doch was gefragt.«

De Mann in den swatten Antog smuster: »Bißchen viel für die Kleine, nicht?«, güng denn na en Holtgestell, wat dor an de Wand hung, un schoov dor de swatten Tafeln mit de witten Tallen rin.

Miteens fraag de lütte Deern: »Was is 'n das da für 'ne Puppe?«

»Puppe? Wo denn, Sabinchen?«

»Da! Hinterm Gitter! Im weißen Kleid! Was macht die da?«

»Ja, das ist...« de junge Fru töger un keek sik na den Mann üm, »das ist, glaube ich...«

De Mann harr sien Tafeln all wegsteken un keem nu trüch. »Die Puppe da, meinst du«, sä he fründlich, »in der Mitte da eben über dem Altartisch?«

»Ja! Da, wo das dicke Buch liegt! Da drüber! Ich möcht' die so gern mal sehn! Und warum hat die denn 'n weißes Kleid an?«

»Tja, mien lütt Deern,« de Mann keek de junge Fru an, »sind Sie Weihnachten hier – in Schleswig? Dann kann die Kleine das ja mal sehen...«

»Oh, Mammi, was kann ich sehn?! Sag' doch mal, was denn!!?« De Lütt tarr ganz opgeregt ehr Mudder an 'n Mantelärmel.

»Aber nun laß das doch mal, Sabinchen«, de Fru lach so'n beten verlegen un sä denn: »Doch, wir bleiben über die Festtage hier. Und wenn's geht, kommen wir auch am Nachmittag von Heiligabend. Ich weiß . . . ich hab' davon gehört. . . sind Sie der Domküster?«

»Ja«, sä he, »haben Sie Ihrer Kleinen denn die Geschichte schon erzählt?«

»Geschichte? Nein, was für eine Geschichte?« Se keek 'n beten fraagwies, de junge Fru. Aver de Deern snauel halfluud: »Und ich will doch bloß mal die Puppe sehn . . . !«

De Domküster böög sik na ehr dal: »Kannst du auch, Sabinchen, aber vor Weihnachten geht das nicht. Übrigens, das ist keine Puppe, das ist unser Jesuskindchen, und Heiligabend, am Nachmittag, ziehe ich ihm ein reines Hemdchen an. Ist ja auch schließlich sein Geburtstag. Da kommen dann viele Kinder her und gucken zu. Und du kannst auch kommen. Magst du?«

Mit blanke Ogen keek de Deern em an, nickköpp un sä blots: »Warum?«

»Tja, das ist eine ganz alte Geschichte – ich erzähl' sie Ihnen«, sä he to de Mudder, »wenn Sie noch 'n Augenblick Zeit haben.« Un denn güng he mit de beiden na een vun de Karkenbänk. Dor kunnen se sik eersmal dalsetten.

Un denn vertell he, wo dat al siet ole Tieden so begäng weer, dat Wiehnachtenabend dat lütt Jesuskind en reines Hemd kreeg. Un dat müss jümmers de Domküster besorgen, dat höör mit to sien Amt. Jo, bet op den hütigen Dag. Blots eenmal, aver dat weer ok al lange, lange Johren her, dat is noch bi een vun sien Vörgängers west, jo, un de harr dat mal vergeten. Dat mutt dormols so 'n ganz rusigen Dag west sien, de 24. Dezember, de Küster un sien Fru luerten op ehrn Söhn, de föhr as Bootsmann to See un schull jüst düssen Wiehnachtenabend op Urlaub na Huus kamen. Aver bi so 'n Weder kunn dor jo woll nix ut warden.

»Und mit einem Mal«, vertell de Domküster wieder, »als der Sturm so heulte und die alten Bäume so knackten und ächzten und die Dachpfannen von den Dächern aufs Pflaster knallten, da hörten die beiden Küstersleute bei all dem Krach etwas ganz Merkwürdiges...«

De Mann möök 'n lütte Paus' un keek mit Smustern op de lütte Deern, de mit open Mund dor seet un meist de Luft anholen de.

»Und da?« fraag de Deern, ehr Stimm weer ganz heesch för Opregung.

Tjä, dor harr de ole Küster eers ut 't Finster un denn vör de Döör keken – nix to sehn, de Straat weer minschenleer, nümms weer dor. Aver to hören weer dat jümmers noch – un dat klüng, as wenn dor en lütt Kind wenen de. Un em keem dat miteens so vör, as müss dat Kinnerwenen hier ut den Dom kamen.

Wedder möök de Domküster en lütte Paus', müss sik blots mal de Nees putzen.

»Und da?« De lütte Deern harr ganz rode Backen kregen.

»Tja, da fiel ihm plötzlich ein, das Jesuskindchen hatte ja noch gar nicht sein reines Hemd bekommen! Da lief er schnell in die Wohnstube und rief seiner

Frau zu, sie solle ihm mal ganz fix ein reines Hemd für das Jesuskindchen aus dem Schrank langen, er müsse sofort mal rüber und das Hemd wechseln. Da ist er dann über die Straße gelaufen – das Haus des Küsters liegt ja genau gegenüber vom Dom, Ihr könnt es nachher selber sehen! – und dann hat er, so schnell wie er nur konnte, mit dem großen Schlüssel die schwere Tür aufgeschlossen und, was meinst du, es war wirklich das kleine Jesuskind, das da so jämmerlich weinte!«

Beide Hannen harr de Deern nu vör den Mund drückt un keek mit wiet opreten Ogen na de lütt witte Figur dor achter dat Holtgitter.

»Da hat der Küster sich aber beeilt und schnell das Kindchen hervorgeholt und ihm das schöne neue Hemdchen angezogen!«

En ganz depen Süfzer stött de lütt Deern ut, un de Mudder strakel ehr mit 'n lies Smustern sachen över 't Haar.

Aver de Geschicht weer jo noch gor nich ganz to Enn'.

»Als er das Jesuskind wieder an seinen Platz zurückgestellt hatte und gerade wieder rausgehen wollte«, vertell de Domküster wieder, »da hörte er wieder so ein merkwürdiges Geräusch, und das klang ganz häßlich. Es war ja ganz dunkel in der Kirche, und der alte Küster hatte doch nur eine Laterne mit, mit einer Kerze darin. Elektrisches Licht kannte man damals ja noch nicht. Er hob die Laterne hoch und sah sich um. Da hörte er es wieder, ganz deutlich: Ein leises Knakken, ein Rucken, dann rieselte es wie feiner Sand, es klopfte sacht, als sprängen kleine Steinchen über den

Fußboden. Er hob die Laterne noch höher, so hoch wie er konnte; und dann sah er, wie sich gerade über dem Portal die eisernen Krampen zu lösen begannen, die da schon seit undenklichen Zeiten eine zentnerschwere Steinplatte festgehalten hatten. Es war ein schönes altes Steinbild, das einst zum Andenken an einen längst verstorbenen Grafen aufgehängt worden war. Nun hatte es sich schon gefährlich vornüber geneigt, lange konnte es nicht mehr dauern, dann mußte es abstürzen. Bald aber sollten durch dieses Portal die vielen Kirchgänger kommen, die den Weihnachtsgottesdienst besuchen würden. Was konnte da für ein schreckliches Unglück geschehen!«

Mudder un Dochder weren dicht tosomenkrapen un keken den Küster all beid 'mit bange Ogen an, as truten se sik nich, ok blots mal richdig Luft to halen.

De Domküster vertell, wo de Ool mit de Lanteern allen Moot tosomen nahmen harr un ut de Kark rutstörrt weer, so gau as he man kunn. Un wo he denn en poor starke un geschickte Mannslüüd to Hölp ropen de. De kunnen dat ole Steenbild wedder so seker an sien Platz fastmaken, dat nümms vun all de Minschen, de sik nahsten dörch dat Portal drängen deen, ok blots ahnt hett, wat dor üm 'n hangen Haar för 'n Unglück passert weer.

Nu bleef dat en ganz lütten Ogenblick still. Denn stünnen de beiden vun de Karkenbank op un de junge Fru sä: »Danke, das war eine schöne Geschichte! Nicht wahr Sabinchen, und du mußt dich auch bedanken!«

De Domküster güng mit bet to de ole Karkendöör,

de junge Fru keek ganz unverwohrens na baben un he lach: »Nein, keine Bange, das Epitaph hängt da schon lange nicht mehr!« As de lütte Deern em nu de Hand geef un richtig 'n schönen Knicks möök, dor sä he to ehr: »Siehst du, Sabinchen, das Jesuskind braucht nun nie wieder zu weinen. Denn nun kommen ja am 24. Dezember nachmittags alle Kinder aus der Umgebung hierher und passen mit auf, daß der Küster ihm auch wirklich ein reines Hemd anzieht. Willst du nicht auch kommen und mit aufpassen?«

Dor keek de Deern eers ehr Mudder an, nicköpp ganz ievrig –, reet sik miteens vun Mudder ehr Hand los un leep op ehr flinken Been trüch, hen na den Altar, lee beide Hannen üm den Mund un reep halfluud de lütt' witte Figur achter dat Holtgitter to:

»Du, ich komm'! Ganz bestimmt!!«

☆ ☆ ☆

Reisen to Wiehnachten V

Dat lütte Huus, dor baben an de Ostseeküst', heff ik al lang kennt. Lang, ehrer ik Gustav kennen lehrt harr. Aver jümmers, wenn ik vun de Hauptstraat twüschen Gelting un Kappeln afbögen un mehr na de Küst henstüern de, dormols, denn wören de Straten recht wat smaller, slängeln sik vörbi an smucke lütte Strohdackhüüs, vörbi an wiede Feller; un mank hoge ole Bööm, sietaf vun de Straat, legen Gootshüüs half versteken; welk groot un gries vör Öller, welk fründli un bescheiden. Un ganz in de Neegde vun dat ol Fischerdörp Maasholm güng en lütten Weg vun de Chaussee af. Dor an't Enn leeg dat lütte Huus, un ut den Weg wörr 'n smallen Padd, de in en wieden Park föhren de. Dormals heff ik männigmal dacht, wo müss dat schöön sien, in dat ol smucke Huus to leben. Merrn mank de Natur un doch nich ganz ut de Welt...

»Na«, seggt Gustav, »dat harrst man mal in 'n Winter beleben müßt, wenn de Snee meterhoch tosomenweiht weer. Vadder hett mi männigmal op sien Schüllern to School bröcht.«

Egentli harr Gustav dor gor nich so giern henwullt. Ok wenn dat Huus noch ganz richdig dor is un ok ganz fein rutputzt is – as Ferienhuus maakt dat richdig wat her! Aver rundüm – nee, is meist nix mehr so, as dat mal weer, un Gustav sien Jungsparadies is al lang verswunnen. Aver henfohrt sünd wi dor denn doch.

An en kloren Winterdag, ’n paar Daag för Wiehnachten.

»Kiek«, seggt Gustav, »bet dorhen güng uns Goorn. Vadder harr den jümmers fein in ’n Schuß, aver wi Jungs müssen ok düchdig mit ran. Dor günt harrn wi uns Kaninken un hier, hier weer de Köök, un dor de Höhnerstall. Een vun de Höhner harr Mudder meist tamm kregen; dat keem jümmers ganz alleen, stell sik achter de Kökendöör un kakel ganz liesen vör sik hen, bet Mudder keem un em ’n beten Foder henstreih.«

»Un denn«, vertell Gustav wieder, »dat Finster dor, dat weer uns Stuuv. Mal hett dat ganz dull an die Schieven ballert, herrje, wat hebbt wi beiden Jungs uns verschraken! Vadder hett seggt, dat weer de Wiehnachtsmann west, de wull uns al drohn, dat wi ok jo arig sien schullen. Aver Mudder hett uns nasten doch verraden, dat weer jo man blots de Lehrjung. Se kunn dat nich mit ansehn, dat wi vör luder Angst nich slapen gahn muchen.«

Wi gaht lanksam üm dat Huus rüm – sowied dat geiht. Gardinen hangt an de Finstern, en schickes Auto steiht op ’n Hoff mit ’n Nummernschild ut Berlin. Och jo, is jo nu en Ferienhuus worrn, Gustav sien ol Öllernhuus. In de Eck vun dat een Finster steiht jo sogor en lütt Schild mit ’n Adress’ op: Wo ’n sik mellen mutt, wenn een dat Huus meden will. Un utstaffeert weer dat mit allen Komfort steiht dor, »für gehobene Ansprüche«, Heizung, Fernseher, Bad, moderne Köök un Waschmaschin... Ik mag Gustav nich fragen, wat wi dor nich ok mal... ’n ganz poor Daag blots... Nee, lever nich.

»Och jo, un an een Wiehnachten«, seggt Gustav, »dat mutt an'n Dag vör Hilligenabend west sien, dor hebbt wi Jungs uns ganz fröh an 'n Nahmedag uttrokken un wullen to Bedd. Denn keem Wiehnachten doch gauer, dachen wi, tjä, ik seh Mudder noch lachen... Un uns Kaninken, de kregen Wiehnachtenabend natürlich extra Foder vörleggt. Un de Dannenboom, jo, de stünn bi uns jümmers bet Februar, bet to Mudders Geburtsdag. Weer jo iiskold in de gode Stuuv. Wenn 't hochkeem, wörr dor blots Sünndags mal inbött. Aver mal, dor weren wi Jungs al wat grötter, dor weer Krieg un Vadder weer Suldat. Un Mudder weer so vull Bang, se wull un wull keen Wiehnachtsboom maken, ohn Vadder kunn se sik dat woll ok nich vörstellen. Un denn sünd wi beiden Jungs bikamen un hebbt en groten Twieg vun 'n Förster halt un hebbt den för Mudder putzt. So good as wi't man kunnen. Wi harrn dor jo nich recht wat för. En poor Lichten hett uns de Koopmann spendeert – heemlich... na ja, is lang her...«

Dor geiht miteens de Huusdöör op, un en Herr in 'n dicke Ledderjack mit Pelzkragen steiht op de Süll un kiekt uns an.

»Suchen Sie etwas?« fraagt he, nich unfründli, aver doch 'n beten kott anbunnen.

»Nein, nein«, seggt Gustav meist verlegen, »wir wollten uns nur mal ein bißchen umgucken. Ich wußte nicht, ob das Haus im Augenblick bewohnt ist.«

»Das sehen Sie doch«, seggt de Herr in de Ledderjack un treckt sik en Poor swiensleddern Hannschen an, »wir bleiben die Feiertage über hier; wahrscheinlich noch mindestens bis Mitte Januar. Sie können sich ja bei der Gemeindeverwaltung erkundigen, wann es wieder frei wird.«

»Vielen Dank«, seggt Gustav, »dann wünsche ich Ihnen frohe Feiertage – in diesem Hause ...«

»Oh, danke gleichfalls! Wird schon werden. Hier stört man wenigstens keinen, wenn 's mal 'n bißchen laut wird!« He lacht un geiht mit forsche Schreed op sien Auto to.

»Kumm blots mit«, seggt Gustav liesen un treckt mi an 'n Arm, »dat langt nu.«

Egentlich hebbt wi in Maasholm eten wullt, hebbt den Haben bekieken wullt, wo in 'n Sommer so vele Seilschepen liggen doot un so veel Frömde de smucken lütten Fischerhüüs bewunnert un sik wünscht, se muchen ok mal so wahnen ... Gustav is dor överall as Jung rümströmert. As dat dor noch nich so veel staatsche Seilschepen geev un de Fischerhüüs noch nich ganz so smuck utstaffeert weren.

Aver wi sünd denn doch lever ganz woanners henfohrt ...

☆

De Ring

De Fru harr dat Geld in de lütt Schachtel jümmers un jümmers wedder tellt. Nu müss dat egentli bald langen. Vunnabend schull se noch twintig Eier in 't Herrenhuus bringen; de Kööksch harr ehr seggen laten, dat se backen wullen.

Twintig Eier! Wat de dor woll vun backen wullen? Pletten? Aver dat güng ehr jo nix an. Hauptsaak, se kreeg noog Mark – un Pennstücken tosomen. För dat Geschenk. De Mann wörr Ogen maken!

Vun 't Huustandsgeld kunn se dat nich nehmen. Dat wörr he marken. Aver wat se för de Eier kreeg, dat weer ehr egen Geld, dor fraag he ok nich na. Un denn leeg in de Schachtel ok de Ring. Sien Ring. Meist dörchsleten vun all de Arbeit mit Schüffel un Escher, Dag för Dag, all de Johren. Mal harr he den Ring vun 'n Finger trocken, harr em ehr in de Hand leggt. Un as se em verschraken ankeek, dor harr he seggt: »Bewohr du em man op. De höllt nich mehr veel ut. Sühst jo. Anners verleer ik em doch noch mal.«

Se nehm den Ring in de Hand. Ehr egen seech dor meist noch nie gegen ut. Ok wenn bi ehr de Arbeid nich afrieten de. Aver kaken, schüern un fegen, waschen, stoppen un neihn, Höhner un Kaninken versorgen, dat weer meist Kinnerkraam gegen de Schinneree op'n Hoff, in'n Goorn un buten in't Holt.

Wenn se abends bi 't Eten seten, denn full ehr dat eers recht op: An sien Hand, de ehr so vertruut weer, dor fehl wat. Un dat möök ehr frömd, se weer so naakt. Blots Sünndags, wenn se em dat reine Hemd un den goden Rock ut 't Schapp kregen harr, denn funn he op dat frische Daschendook ok den Ring. To Kark gahn ohn Ring, dat güng doch nich an. Aver abends trock he em ganz vörsichdig wedder af: »Legg em man weg. Is beter so.«

De Koopmann harr ehr dat al toseggt: He wörr ehr mitnehmen bet na de Bahnstatschoon. Glieks morgens, wenn he de Post afhalen müss. Un nahmeddags kunn se wedder mit trüch. Jo, dat harr se sik al mit em besnackt. Blots, wat se dor wull, in de Stadt, dat güng nümms wat an. To Wiehnachten wat besorgen, dat verstünn he.

Aver wo schull se den Mann dat verkloren? He seech dat nich giern, wenn se alleen so wied fohren de. He weer jümmers bang, se kunn dor buten in de grote Welt nich trecht kamen ohn em. Man seggen de he blots: »Wat wullt du dor? Giffst blots unnödig Geld ut.« Nich, dat he giezig weer, he höll veel vun ehr, heel veel, dat wüß se. Aver he wull ok giern de Översicht beholen, wull Herr över den Kraam sien, sä he. Dor weer nix gegen to seggen. So höör sik dat, wenn se all beid' vöran kamen wullen un op een Flach plögen deen. Blots dat Eiergeld, dat höör ehr ganz alleen to.

Acht Daag vör Wiehnachten weer se mit allens kloor. Dat kunn losgahn. Nich mal de Mann harr dor dütmal wat gegen seggt. »Na, denn fohr man«, harr he seggt, »wenn du 't denn afsluts wullt.« Meist leet dat, as weer em en lütt Smustern över 't Gesicht flagen.

De »grote Welt« leeg man 'n knappe Stünnstiet Isenbahnfohrt wiet weg. Un se weer ok nich so groot, dat de Fru sik dor nich in trechtfinnen kunn. Liekers geef 't dor en Barg to wunnerwarken. Un jüst nu vör Wiehnachten weren all de Schaufinster so rutputzt, as wullen se all Lüüd de vörbikemen to 'n Kieken un Kopen nödigen.

De Fru aver güng liekut dorhen, wo se so lang al hengahn wull. Dor kunn ehr ok all de Wiehnachtsglanz in de Straten nich vun afbringen. Un as se vun wieden de grote Klock över de smalle Ladendöör seech, dor leep se meist.

As de ole Klockenschoster de Ladenpingel höör, schööv he de Brill tohöcht un dreih sik vun sien Warkdisch na 'n Tresen hen, »Nanu«, sä he un keem en beten stiefbenig hoch, »dat 's mal 'n rare Överraschung! Un ganz alleen?«

He harr de Fru noch as junge Deern kennt, un later weer se mit ehrn Brögam wegen de Ringen bi em west. Wo lang weer dat her... Jümmers, wenn he dor in 't Herrenhuus de olen Klocken wahren müß, denn keek he bi de beiden in; wat harrn se dat doch mal schöön drapen in dat lütt smucke Huus dor an 'n Rand vun 't grote Holt. Weer jo man 'n beten ut de Kehr, aver se harrn doch ehr seker Utkamen.

De Klockenschoster wull 'n lütten Snack mit de Fru anfangen, aver se leet sik dor nich op in. Se harr de Schachtel ut ehr Tasch haalt un legg eersmal den Ring op den Ladendisch.

»Oha«, sä de Ool, »de is aver opsleten. Wo kümmt dat denn?«

Se tuck mit de Schüllern. »As dat eben so is. Bi de Arbeid; schonen deit he sik nich, mien Mann.« Se lach 'n beten verlegen.

He harr sik de lütt Lup' in 't Oog klemmt: »Tjä, ik weet nich recht, wat ik den noch mal wedder henkriegen kann...«

»Nee, nee«, se harr em den Ring afnahmen un sachen in ehr Hand leggt, deck em mit de anner Hand to, as müss se em bargen. »Ik wull egentli...«

He keek ehr an, smuster en beten: »En niegen?«

Se nickköpp. »Geld heff ik. Hier!« Se möök de Schachtel op. »Ik weet nich, wat dat langt... ik heff noch wat mit.« Se kraam en ganz lütte Schachtel ut ehr Tasch un legg se blangen de Schachtel mit dat Eiergeld. Op den Deckel stünn in gollen Bookstaben de Naam vun den Klockenschoster un dor ünner, knapp noch to lesen: »Gold und Silberwaaren.« Se möök de Schachtel op: Op witten Samt leeg en lütt gollen Brosch'. »Is noch vun mien Mudder«, sä se liesen.

De Ool keek dat'n kotten Ogenblick an, möök de lütt Smuckschachtel gau wedder to un schoof ehr de hen. »Dat wüllt wi man eersmal laten«, se he ruhig un lang sik dat Geld. »Wüllt mal tellen?« Dat duer nich lang, denn wüss he al Bescheed. »Dor kann good noch 'n Daler bi över sien«, sä he, as se em so fraagwies ankeek.

»Aver dat schall en goden Ring sien«, sä se liesen, »'n richdig goden; nich so 'n fledigen...«

De ole Mann smuster: »He schall den besten Ring kriegen.« He harr en Tablett mit verschieden Truringen vörhaalt un op den Tresen stellt. »Hier – de hier, de paßt, dücht mi. Ok to den annern.« He höll ehr den Ring gegen ehr rechte Hand. »Tofreden?« Se nickköpp. Un denn beiel he sik, dat Tablett gau wedder wegtostellen. Se schull de lütten Priesschiller nich eers wies warden. Anners harr se markt, dat ehr Eiergeld doch nich ganz langen de.

Dat duer denn doch noch 'n Wiel, ehrer de Ring sowiet trecht weer. Dor schull jo ok noch Namen un Johrstall ingraveert warden. Un denn kunn se endlich dat lütt Paket insteken. Se schull to Huus man schöön gröten, harr de Ool noch seggt. Bet an de Döör harr he ehr bröcht un se mit lies Smustern för ehr opholen.

De Fru streev na 'n Bahnhoff. Egentli harr se noch Tiet. De Tog föhr jo eers in twee Stünnen. Aver se much nix sehn vun all de Pracht in de hellen Schaufinster. Se harr, wat se hebben wull. Un dat weer noog. Se seet ganz still in 'n Wartesaal un dach an den Ring. Un an den Klockenschoster. Wat weer de doch mal fründli west...

De Koopmann keek ganz verwunnert, dat se gor keen Tüten un Paketen to slepen harr; dat weer he vun de Fruenslüüd ut 't Dörp aver anners wennt! Se smuster blots un sä, se harr nich recht wat funnen.

As se in 't Hus keem, seet de Mann al in de warme Kööк an 'n Disch un lees in 't Blatt. »Na«, sä he, »allens beschickt in de Stadt?« Se nickköpp. »Hest nümms sehn, den wi kennt?« wull he weten. »Och nee, wat schull ik woll.« Ehr full dat meist suer, em nich to vertellen, vun wokeen se em Gröten utrichten schull.

As se sien niege Winterjopp' över 'n Stohl liggen seech fraag se: »Wullt du noch mal weg, vunnabend?«

He keek op: »Weg? Ik? Nee... och, wegen de Jopp', meenst du? De heff ik woll vergeten. Ik weer... ik müss vunnameddag noch eben na 'n Förster. Wegen den Wiehnachtsboom, weetst du...«

So. Wegen den Boom. Betto weer he dor doch jümmers eers an 'n Dag vör Wiehnachten för ünnerwegens west. Aver se sä nix.

Dat weer as jümmers, Wiehnachtenabend. Se harrn eten, seten in de gode Stuuv op 't Sofa; in den isern

Aben buller dat Füer, dat röök so fein na Kienholt. Glieks wöör de Waterketel an to summen fangen un denn wören se sik en Glas Punsch günnen. An den lütten Dannenboom blänkern rode Appeln un Rosen ut Goldpapier in den Schien vun de Lichten.

Miteens stünn de Fru op. »Ik heff noch wat«, sä se. Güng na de Slaapkamer un he hör, wo se dor en Kommodenschuuv optrecken de. Dor stünn ok he op un güng gau un so liesen as 't jiechens güng, dörch de Köök un na 'n Stall röver. As he wedder trüch keem, stünn se vör den Boom un keek stillswiegens in de Lichten. »Ik müss noch mal eben kieken«, sä he, »wat de Stalldöör ok richdig to weer...«

»Hest de Höhner gode Wiehnachten wünscht?« fraag se, dreih sik to em üm un keek em an. »Giff mal dien Hand.«

»Jo... woso denn«, he harr beide Hannen op 'n Rüch hatt un dat leet, as kunn he se nich recht vun 'n een kriegen. »Nu giff mi doch mal de Hand«, bäd se noch mal, »nu man to... is doch nix bi!« He wüss gor nich, wat dat schull. Wat harr se blots?

Endlich harr he dat schafft, dat lütt Paket, wat he achter sien Rüch versteken harr, ganz vörsichdig op den Disch to schuben. Se de, as mark se dor nix vun. Se greep na sien rechte Hand un denn föhl he, wo se em ganz sachen wat över den Ringfinger ströpen de.

He keek, keek op sien Hand, wull wat seggen un wüss gor nich wat. »Och«, sä he, »och... du! Wat du ok al maakst... Fru!« Se nehm sien Hand mit den Ring in ehr beide Hannen un legg dor ehr Gesicht op.

He föhl dor wat Natts. »Wat hest – Deern? Segg!«

Se keek em an, jümmers noch mit sien Hand twüschen ehr beiden. »Ik freih mi blots so«, se snucker so 'n ganz beten, »ik freih mi doch so . . . !«

»Ik ok«, sien Stimm klüng ganz ruug, he sluuk, »ik . . . ik meen, ik heff ok wat . . . för di.«

»Och . . . wo kümmst dor bi?« Se leet sien Hand un greep na den krusen Kluun vun bunt Siedenpapier.

»Wickel dat man mal ut«, sä he, »aver wees ganz vörsichdig!«

»Jo, aver wat is dat denn . . .« jümmers mehr Papier kunn se aftrekken, un denn keem en Tass' to 'n Vörschien, en wunnerschöne grote Porzellan-Tass' mit 'n gollen Rand.

»Oh . . .«

»Magst de? Hest so een doch jümmers giern hebben wullt. För 't Vertiko. Hest du seggt.«

Eersmal müss se sik nu setten. Se harr de Tass' merrn op'n Disch stellt. Dat weer se sik nu doch nich vermoden west. För so 'n Wünsch harr he doch nie wat över hatt. För unnützen Kraam much he keen Geld verkleihn, sä he jümmers.

»Wo büst dor blots bi kamen«, fraag se liesen. »Hett de een mitbröcht? Ut de Stadt?«

He schüddköpp, sett sik blangen ehr op 't Sofa, un wieldess he mit sien Hand ganz sachen över ehr Hand strakeln de, vertell he, wo em de Förster in sien Wagen mit na Stadt nahmen harr, jüst an den Dag, wo se ok . . .

»Aver. . .« se rück miteens 'n Stück vun em weg, »denn . . . denn büst du achter mi ran . . . ? Denn hest du wüßt, wat ik vörharr? Also nee . . .« Aver nu wüß se ok, woso sien niege Winterjopp' dor övern Stohl legen harr, as se ut de Stadt na Huus kamen weer.

»Och, wat du jümmers hest...« He fung sik ehr Hand richdig wedder in. Dat weer doch ganz anners west. Se harrn sik dor nieges Warktüüch ankieken müßt, för de Holtarbeit, un bi de Gelegenheit, na ja, de Förster harr för sien Fru ok en Geschenk köfft...

»Ok so'n Tass'?« fraag se, mit so 'n finen Ünnerton, wo he sik egentli gor nix ut maken kunn, ok wenn de nich to överhören weer. Aver nee, he wüss gor nich, wat den Förster sien Fru hebben wull. Dat wörr de em ok nich op de Nees' binnen. Dor kunn se ganz ruhig sien.

De Fru stünn op un stell de Tass' op 't Vertiko, legg dor noch 'n ganz fiene Deek ünner, de se sülm mal häkelt harr. Nu seech dat eers na wat ut. »Schön«, sä se vull Andacht.

Un denn keem endli de Punsch op 'n Disch un de Schöttel mit Nööt un Bruunkoken; un jümmers, wenn de Mann na 't Glas greep, seech de Fru, wo hell de Ring an sien Hand oplüchten de.

☆ ☆ ☆

Reisen to Wiehnachten VI

Jedes Mal, wenn wi na Heid' fohren mööt, jo, na Heid' in Holsteen, denn langt Gustav na den schönsten Slips, den he hett. Aver fragen deiht he mi doch:

»Na, schall ik dat gode Stück mal wedder wiesen, wo 't to Huus is? Viellicht freiht sik dat denn!?«

Dat 's mal wedder so richdig een vun Gustav sien Tüünbüdeleen! So en Slips, un wenn he noch so düer weer, de kann sik doch nich freihn! Is doch nich mehr as 'n Stück buntes Tüüch...!

»Och, wat schall dat denn«, segg ik, »wi hebbt doch gor nich sowat Besünneres vör! De Slips höört doch to din allerbesten Antog, un den wullt du doch woll nich antrecken?!«

»Alle Daag fohrt wi jo nu nich na Heid'«, Gustav hangt den schönen Slips sinnig wedder in't Kleder-schapp trüch, »un du kannst jo gor nich weten, wat wi dor nich doch wat Besünners beleevt.«

»Jo, aver dor bruukst di doch nich glieks den aller-besten Antog för antrecken! Wo süht dat blots ut!«

»Good süht dat ut«, grient Gustav, »ik wull jo ok man blots den Slips, weetst du, den wull ik doch man blots mal wedder wiesen, wo he herkümmt.«

Och jo, he will mi man blots 'n beten narren. Ik nehm em dat ok nich för övel. Dor hangt jo 'n lütte Geschicht' an, an den Slips, un de hett mit Heid' wat to doon. Dat heet, se harr jüst so good wat mit Husum oder Rendsborg, mit Sleswig oder Flensborg to doon hebben kunnt. Aver nee, dütmal weer dat Heid'.

Dor kann een in noch so 'n grote Stadt mit de gröttste Utwahl an Geschäften wahnen, dat ganz Besünnere, wat een so richdig in de Ogen springen deit, dat finnt een jümmers in en anner Stadt. Un mag de noch so lütt sien. Nu is Heid' jo nich so ganz lütt, aver ik weet dor een Geschäft, de hebbt so ganz över de Maten schicke Saken, sowat finn ik nich mal in Kiel! Aver de Priesen, oha, de sünd dor ok na! Na ja, kieken köst jo nix. Vun buten, versteiht sik. Mal stünnen wi wedder vör 't Schaufinster, as Gustav op en Slips wiesen de: »Kiek mal, de is aver schick!« Mannomann – aver de Pries! Weer jo 'n Sünn 'un Schann, blots för so 'n beten Stück bunten Stoff.

Nu glück dat jo, ik kunn den Slips kopen, ohn dat Gustav dor wat vun marken de. Un Wiehnachten harr ik denn en Överraschung för em hatt.

»Aver dütmal laat ik di nich ut de Ogen«, hett Gustav mi drauht, »du kriggst dat noch fardig, un köffst mi en Wulljack, wo ik hier en ganzen Antog för kriegen kann!«

Nu meent he dat jo nich böös', un as wi annerletzt na Heid' fohrt sünd, dor harrn wi ok ganz wat anners vör, as Schaufinster to bekieken.

In Heid' hebbt se den gröttsten Marktplatz vun ganz Sleswig-Holsteen. Dat seggt sik so licht hen. Grote Plätz gifft dat annerwegens jo ok. Aver hier süht dat meist ut, as weer de Markt toeerst dor; as weer he de Herr över allens, un blots de hoge Heben över em, de weer grötter. Sogor de Kark, smuck as se is, steiht lütt un bescheiden in en Eck. Un eers de Hüüs... jüst so lütt un bescheiden, as Kinner, de sik bi de Hand tofoten hebbt, staht se een bi een blangenanner rund üm den Markt un kiekt mit ehr Finsterogen op dat, wat sik dor siet eh un je allens bewegt un löppt un fohrt.

Aver dat 's jo man all Lögen un Wind! De Hüüs rundüm sünd överhaupt nich lütt, un bescheiden sünd se al gor nich! Dat kümmt een man blots so vör, dor op den Marktplatz vun Heid'. De maakt allens lütt. Ok den enkelten Minschen. Un eers, wenn een den Platz achter sik lett, denn kriegt de Ogen wedder dat richdige Maat för dat Lütte oder ok för dat Grote. Kümmt ganz op an, vun wat för 'n Enn een dat ankieken deit.

Dor in Heid' is jo Klaus Groth boren. De Lüüd' sünd dor bannig stolt op un hebbt sien ol lütt Öllernhuus to en smuck Museum maakt. So smuck un blank, as dat dunntomalen wiss nich sien kunn. Wo Mehl un Grütt verköfft warrn gifft dat Stoff överall, denn Groth sien Vadder weer Möller.

Gustav un ik gaht dor jümmers wedder giern hen. Nich blots wegen den Dichter, den hebbt de Lüüd in Heid' lang nich op de Tell hatt. För brotlose Künst harrn se nix över. Dormols. Eers to sien 80. Geburtstag, dor hebbt se em to 'n Ehrenbörger maakt. Aver dor weer he jo ok en berühmten Mann. Dor hebbt se nix mit riskeert.

Aver in so en ool Huus, dor köönt een ganz wunnerliche Gedanken ankrupen. Geiht 'n dor över de Süll, miteens fallt een in, op jüst densülwigen Placken hett ok de Dichter sien Foot sett. Faat'n an en Dörenklink, is meist, as kun een Klaus Groth de Hand geben.

Un baben, op ’n Dackbööm, gifft dat nu en lütten Vördragsruum un dor hangt en Bild vun Klaus Groth. Ik heff dat oft bewunnert. Wat hett de sogor as olen Mann mal good utsehn! Un den Maler, den heff ik warrafti kennt. Jo, ik heff mit en Minschen snackt, de noch mit den Dichter good bekannt weer.

Oh, dat is lang her. Un in Heid’ is dat west, in dat Huus, jüst in de Stuuv, wo Klaus Groth to Welt kamen is! Dor keem ik mit en lütten olen Herrn in ’t Snacken. De harr so lebennige Ogen un en lustigen witten Spitzboort. He wull weten, wo ik to Huus bün; in Hamborg, heff ik seggt. Oh, hett he seggt, dor kenn he sik ok good ut, un wat de Peerbahn denn noch fohren de, dor weer he jümmers vun Esplanade bet Millerndoor mit fohrt. Peerbahn? Ut ole Böker wüss ik, dat in ’t vörige Johrhunnert, as ’t noch keen elektrische Stratenbahn geef, so ’ne Ort Waggons dörch de Straten föhren, wo Peer vörspannt weren. Un de ole Herr snack dor so vun, as weer dat man knapp ’n poor Johren her. Ik wörr rein verlegen, ik weer jo noch heel jung dormols un much em gor nich seggen, dat’t in Hamborg woll nümms mehr geef, de sik op so een Bahn överhaupt noch besinnen kunn. Nich mal mien Grootöllern hebbt dor noch wat vun wüßt!

Ik weet dat noch as hüüt: Mi weer’t meist unheemli. Dor weih mi wat an, ut Tieden, de al lang vergahn weren. De ole Herr mit den witten Spitzboort aver weer heel un deel lebennig, ok wenn he al wied över de negentig rut weer; un as he dat schöne Bild vun Klaus Groth malt hett, kann he nich veel öller as 30 Johren old west sien. Nicolaus Bachmann hett he heten un weer jüst so ’n Heider Jung as de Dichter.

Un wenn ik nu in dat ol Grüttmöllerhuus op de Lüttenheid’ kaam, denn is mi nich blots, as müss dat dor jümmers noch na Korn-Stoff rüken, as to den Dichter sien Kinnerjohren, denn seh ik ok den olen Maler vör mi, mit sien lebennige Ogen ünner de buschigen Oogbruen un den lütten witten Spitzboort.

Ok Gustav hett em kennt. Ok he is noch heel jung west, as he mal bi jiechenseen Gelegenheit mit den Maler bekannt maakt wörr. Gustav hett dormols sworen Kummer to dregen hatt. Nicolaus Bachmann müss dat markt hebben un hett em liekut fraagt, wat em denn so trurig maken de. Un dor hett Gustav em dat vertellt. De ole Mann hett lang swegen, denn hett he sien Hand op Gustav sien Schüller leggt: »Segg man Unkel Niklas to mi«, hett he seggt.

Jo, un jümmers wenn wi na Heid’ fohrt, Gustav un ik, denn mööt wi vun düsse olen Geschichten snacken. De wannert mit uns dörch de Johren un höört mit to dat Nett, wo uns Lebenstiet ut flochten is. Un dat langt nu dörch Nicolaus Bachmann bet na Klaus Groth hen... – wat bedüden dor noch de Johren, wat bedüüd Tiet –?

Aver denn mutt ik ok ganz nödig wedder in dat Geschäft mit de schicken Saken kieken! Jüst to Wiehnachten kunn ik dor jo op Ideen kamen...

☆

Schicker Mann

Mannslüüd stellt sik mit ehr »outfit« männigmal noch duller an as männigeen Fru. Wiss, dat hett jo wat för sik, wenn en Kierl sik nich blots dorüm wat över 't Lief treckt, wieldat em dat to 'n Naakt-Rümlopen to kold is. Aver as »eitel« mag he sik dorüm noch lang nich schimpen laten. He will egentli blots anstännig utsehn – mehr nich. Aber een kann den langwieligsten un drögsten Mannsminschen to en glücklich Smustern bringen, wenn 'n em blots mal eben seggt: »Also dien Slips, wo de to dat Hemd paßt! Toll!!«

Dorüm sünd de berühmten S.O.S.-Geschenken, also Slips, Oberhemd, Socken, ok nich mehr dat, wat se mal weren, nämli »Sachen ohne Sorgen« – nee, en Fru mutt düchdig nadenken un männigmal lang rümsöken, wenn se dat finnen will, wo de hoge Herr ok nasten ohn Wedderred' mit lostreckt. Dat mutt in de »gode ole Tiet« noch en beten eenfacher west sien: To Wiehnachten kreeg Vadder vun Mudder en Oberhemd un 'n Slips, de Gören stüerten vun ehr Taschengeld Sockenhöller un Armringe mit to. So 'ne Dinger kennt 'n hüttodaags nich mal mehr! Aver dat weer alle Johr wedder en ganz grote Överraschung för Vadder. Keem Oma aver denn noch mit 'n Poor schöne Strümp un warme Ünnerbüxen an, denn weer he wunschlos glückli! Tominnst sä he dat. Männigmal kunnen ok 'n poor gode Zigarren oder 'ne niege Breeftasch dat Glück noch grötter maken.

Nu hett Hanne dat jo eenfach wenn 't op 't Wiehnachten togeiht un se sik üm de S.O.S.-Geschenken för ehren Erich kümmern mutt. Se hett jo »Plünnen-Berni« to Hölp. Siet Johr un Dag köfft Erich allens, wat he so an Plünnenkraam bruken mutt in't sülwige Geschäft. Dor is he egen in – ok wenn he jümmers seggt, he leggt dor nich so veel Wert op, Hauptsaak: Örnlich. Un he weet, ob Berni kann he sik verlaten, jüst so, as he sik op Berni sien Vadder verlaten hett, de ok jümmers wüss, wat Erich to Gesicht steiht un wat nich. De harr dat jo nu noch mehr mit »zeitloser Mode von bester Qualität« un weer bannig »konservativ«. De harr Hanne wiss verwunnert un mit hochtrocken Oogbruen ankeken, wenn se dormols op de Idee kamen weer, ehren Erich to Wiehnachten en roden Pullover to schenken. De ole Herr harr denn tominnst versöcht, ehr en dunkelblauen to verköpen. He harr dat »dezent« nöömt un för Erich paßlicher funnen.

Nee, sien Söhn Bernd geiht mehr mit de Tiet, as dat bi de jungen Lüüd nu mal so is... De Ool harr jo 'n Dalslag kregen wenn he dat noch beleevt harr, wo sien Söhn, knapp dat he Chef worden weer, dat slichte »Geschäft für Herrenmoden« in »Herrenausstatter« ümdöfft harr. Du leve Tiet, dat höör sik doch rein 'n beten to grootsporig an! Un dorüm harr de junge »Herrenausstatter« ok glieks vun sien olen Kunnen den Ökelnamen weg: »Plünnen-Berni«. Dat Grootsporigkeit un ok de Priesen man jo nich so in 't Kruut scheten deen... Aver Berni harr Sinn för Spaaß, wüß mit Minschen ümtogahn, un harr sogar Erich övertügen kunnt, dat för em en roden Pullover veel beter passen de as en dunkelblauen. »Dunkelblau können

Sie später mal tragen, wenn Sie 'n alter Mann sind«, dorbi kunn Erich glatt Bernd sien Vadder sien... Aver mit den roden Pullover weer he denn richdig glücklich...

Un denn kreeg Hanne eben na 'n ersten Advent vun Plünnen-Berni en Breef. Wat wull de denn? »Im vergangenen Monat haben wir die Anfertigung eines eleganten Anzugs mit Ihnen besprochen.« lees se, »Wir freuen uns, Ihnen mitteilen zu können, daß der Anzug nunmehr eingetroffen ist. Wir bitten um Ihren gelegentlichen Besuch und verbleiben mit freundlichen Grüßen...« oh Mann! Plünnen-Berni harr dat mal wedder mit Ulenspegelee versöcht!

Weer doch allens Dummtüüch! Erich müss en Antog hebben – een »för good«, aver ok nich wedder so good, dat all Lüüd menen kunnen, he harr ganz wat Besünneres vör. Nee, mehr so 'n Antog »för alle Gelegenheiten« – un so een harrn se denn ok in Berni sien Laden funnen – blots de Büx wull nich recht passen. Na ja, harr Berni denn meent, he wull bi de Firma noch mal nafragen, viellicht leet sik dor wat an maken. Aver vunwegen »eleganten Antog anfertigen« dat harr he sik mal fein utdacht!

Na, Hanne suus jo hen; Erich harr se dor gor nich eers wat vun seggt. Dat kunn doch nu mal würkli en echte Överraschung to Wiehnachten warden. In Berni sien Laden kennen se Erich sien Grötte meist beter als he sülm; in de Sniederstuuv harrn se de nödigen Maten jo all to Papier. Dor kunn nix scheef gahn.

De Antog weer würkli schick, wo he dor so op 'n Bögel hüng! Un he weer natürlich ok nich »extra angefertigt«, Berni harr bi de Firma en anner Büx bestellt un de harrn se in de Sniederstuuv för Erich sien Grötte 'n ganz lütt beten ännert. Un denn meen Berni, to so en schicken Antog höör ok dat passen Hemd – un den passen Slips wörr he sülm bistüern, weer doch Wiehnachten...

Na ja, Hanne hett dat schicke Hemd jo köfft – aver blots wieldat Wiehnachten weer! Erich dröff nie un nümmer to weten kriegen, wat se för dat Hemd betahlt harr! Aver wo se doch an'n ersten Fierdag to en groot Fest inlaadt weren, dor wull se em mal so richdig schick utstafferen. He much üm sien »outfit« jo sünst keen Gedööns maken, aver dat bedüüd noch lang nich, dat em dat egal weer!

Dat hett he Hanne denn an 'n ersten Wiehnachtsdag wiest. Bannig luud un bannig düdli. Se weren dor all beid bi, sik för dat grote Fest in 'n Staat to smieten. Erich in de Slaapstuuv un Hanne in de Badestuuv. Un den wullen se sik, sotoseggen in vulle Montur, eersmal gegensiedig bewunnern, ehrer se sik in all ehr Pracht op'n Weg maken müssen.

Eers harr Hanne sik dor jo noch nich veel bi dacht, as se en Süfzen un Stöhnen ut de Slaapstuv höör, af un an ok mal en lies Flöken. Na ja, Erich harr wohl Möh mit dat niege Hemd, se harr em dat lever vörher opknöpen un trecht leggen schullt. Aver ut dat liese Flöken wörr en Ramentern un luud Schimpen – du leve Tiet, wat weer denn passeert? Hanne leep na de Slaapstuv röver un seech ehrn Erich, wo se em ehr Leefdag noch nich sehn harr!

Mit glöhnige Ogen un strubbelige Haar stünn he

dor, dat niege Jackett harr he eben in en Eck sleudert, de niege Büx leeg half ünner't Bett! Un dat düre niege Hemd? Dor trampel he op rüm!

»Sowat kann en Minsch doch nich antrecken«, reep he, »wat hest du di dor egentli bi dacht?! Dat kann ik nich mal bi de Arbeit in 'n Keller opslieten, dor warr ik Putzlumpen ut maken! Jawoll, Putzlumpen!!«

Wenn en Mann so in Raag' is, denn dörf en Fru jo nich anfangen to lachen – dat harr Hanne in lange Ehejohren lehrt! Aver as se Erich dor so in de Ünnerbüx mit glöhnige Ogen stahn seech, dor müss se sik bannig tosomenrieten. Un dor wat gegen seggen – also nee, an 'n ersten Wiehnachtsdag so 'n Krach in 't Huus, dat güng jo woll doch nich an. Un denn dä he ehr miteens ok leed.

»Denn treck doch wat anners an«, sä se liekmödi. Aver dat weer natürlich ok verkehrt. Erich harr sik to den niegen Antog un dat Hemd mit den Slips Wiehnachtenabend so richdig freiht un wull nu, wo se mal ganz groot utgahn kunnen, mit dat niege Tüch ok würkli ganz schick sien. Un nu weer em de Vörfreid so op Schiet utlopen!

De Büx weer to wiet un dat Hemd veel to groot! Dor kunn doch keen Minsch mit loslopen! He weer doch keen Pijatz! Un Hanne keek he an, as harr se em en Tort andoon wullt.

Aver egentli leeg dat man blots dor an, wieldat de niege Antog un dat Hemd eben na de allerneeste Mod' tosneden weren un 'n beten »lässiger« utsehn dehn, as Erich dat so wennt weer. He is eben doch bannig konservativ, dach Hanne, wieldess Erich rein vertwiefelt üm sik keek un nu op kenen Fall mit op dat Fest gahn wull. Nee! Nu wull he to Huus blieben. Alleen. Hanne kunn jo gahn. He bleef hier!! Mit ole Klamotten güng he nich los! Dat kunn ehr woll so passen!

Hanne versöch de Nerven to beholen un meen ganz ruhig, vun »ole Klamotten« kunn een bi den goden Antog jo woll nich snacken, mit den he noch güstern eers heel tofreden Wiehnachtenabend mit ehr fiert harr.

Klor, Erich is natürlich mitgahn; un denn hebbt se en ganz wunnerbores Fest fiern kunnt. Wat hett he sik amüseert! He hett dor gor nich mehr an dacht, wat sien Antog schick noog weer oder nich. Aver Hanne harr sik dat tosworen: Glieks na Wiehnachten, dor wörr Plünnen-Berni wat beleven...

☆ ☆ ☆

Reisen to Wiehnachten VII

Hamborg is jo ’n schöne Stadt, nee, nix gegen to seggen! Al gor nich, wenn ’n dor blots to Besök is un noog dormit to doon hett, de blanke Siet vun de Medaille to bewunnern. Wat dat dor ok allens to sehn gifft!

Gustav mag so bannig giern na Hamborg fohren un swöögt dor al vörher vun, wat he allens giern sehn will. Den Haben will he jümmers wedder sehn un vun ’n Jungfernstieg över de Alster kieken, de Alsterarkaden lanks spazeren un övern Raadhusmarkt lopen; un denn natürlich de groten Museen un de Kunsthalle besöken. Oh, dat gifft so veel, wat so’n Quidje – also een de nich vun dor is – nu mal afsolutemang gründli bekieken will.

Mien Hamborg süht ganz anners ut. Wiss, ik mag den Haben un de Alster, den Jungfernstieg un de Mönckebergstraat, un Hagenbeck un Blankenees, och, all dat mag ik ok sehn, mag ik ok jümmers wedder sehn, dat is wohr. Aver de schönsten Stäen vun Hamborg sünd för mi de Wrangelstraat, twüschen Gärtnerstraat un Eppendorfer Weg, oder wenn ’n mit de S-Bahn vun Alt’na na ’n Dammtorbahnhof fohrt un ut de Finster op de swatten Achterfronten vun ole Etagenhüüs kieken kann, mit Kökenbalkon un Wäschelienen; ok de olen hogen Bööm an’n Weiher, in Eimsbüttel, nich wiet vun ’n Schoolweg un Osterstraat, de höört för mi mit to dat Schöönst vun Hamborg un ganz besünners de schönen, groten Bööm in de Eppendorfer Anlagen. Ik weet noch so veel, wat ik in Hamborg so bannig giern sehn mag – aver wenn wi denn mal in Hamborg sünd, denn wüllt wi Frünnen besöken oder en ganz bestimmte Utstellung sehn, un wenn wi denn noch Tiet hebbt, denn gaht wi eben doch över 'n Jungfernstieg oder fohrt na Blankenees...

Un denn bün ik dor doch henkamen, dorhen, wo ik in Hamborg so giern noch mal wedder henwull. Blots so. An en griesen Winterdag. Na de Eppendorfer Anlagen. De dat nich kennt, kann woll gor nich begriepen, wat dat denn so wat Besünneres is. Un wat heet denn överhaupt »Anlagen«? Ik glööv, dat gifft dat blots in Hamborg.

Annerseen denkt viellicht an »Geldanlagen« oder kennt dat Schild »Das Betreten der Gleisanlagen ist verboten«. Aver dat is in Hamborg ganz wat anners; dor geiht een mal »'n büschen in'ne Anlagen spazieren« oder Mudder geiht mit de Lütten na de Sandkist, »in'ne Anlagen«, sett sik op de Bank mit ehr Knüttüüch un schnackt viellicht mit anner Fruens oder kiekt ok blots de Kinner bi 't Spelen to.

Aver an so 'n kolen griesen Winterdag? Dor sünd wi, Gustav un ik, ok so 'n »büschen in 'ne Anlagen« rümspazeert. Dor, jüst dor heff ik nämli de ersten Wiehnachtsgeschenken utprobeert, op de ik mi richdig besinnen kann: Mien ersten Sleden un denn mien ersten Strietschöh! Mit fief Johren al bün ik den Barg dal rüüscht – un wat heff ik för Bang hatt! An 'n mehrsten vör de groten Jungs, de sik dor ehr groten Glitschen maakt harrn un denn so ruug un groff schreen:

»Henglidor! Dal vun de Glitsch!« Jo, so repen se, de Jungs. Ik glööv, överall in Hamborg. Aver schöön weer 't doch.

Un dor – op den groten wieden Rasen merrn in de »Anlagen« – de Diek! Mit acht Johren kreeg ik mien ersten Strietschöh. Un dor heff ik lopen lehrt. Gediegen, weer dormols nich jeden Winter Snee un Iis – oder kümmt mi dat blots so vör? Un viellicht heff ik de Bööm al sehn, ehrer ik wüss, dat ik överhaupt kieken kunn: Dor, dat grote ole rode Huus, dat »Eppendorfer Krankenhaus«, dor bün ik to Welt kamen. Dat weer bi uns in de Gegend reinweg för allens tostännig. As Kinner hebbt wi al sungen:

Du kleine Fliege, wenn ich dich kriege,
dann reiß' ich dir ein Beinchen aus!
Dann mußt du hinken, auf deinem Schinken,
und kommst ins Eppendorfer Krankenhaus!

Un nu is wedder Winterdag. Keen Snee, nich mal Frost. Aver de Bööm sünd dörch de Johren wussen, de Barg to 'n Sledenfohren is ok noch dor, aver mi dücht, he is lang nich mehr so hoch as fröher. Sogor dat ol Eppendorfer Krankenhuus – mi is, as blinken de Finster to mi röver; vun hier is nich mal to sehn, wat dor nu ut worden is: Meist en ganze Stadt för sik, de Universitätskliniken Eppendorf. Gustav un ik gaht lanksam över de swatten Parkwegen; se hebbt sik doch bannig verännert, mien »Eppendorfer Anlagen« – ik finn lang nich mehr allens wedder. Aver se sünd doch noch dor, un de Minschen, de hier wahnt, köönt jümmers noch »'n büschen in'ne Anlagen« gahn.

Uns Auto hebbt wie 'n Stück wieder lanks blangen de grote School parken kunnt. Oh, wat ik de woll noch kenn... Aver wat is ut den schönen Klinkerbu vun den groten Architekten Fritz Höger worden? Weer mal en ganz moderne högere School för Deerns – hett nu woll utdeent. De Finster sünd vull Stoff, un ut de Ritzen twüschen de Steen wasst dat Gras.

Wi wüllt eben instiegen – dor gifft dat en gewaltigen Rums achter uns. Verschraken hebbt wi uns ümdreiht: Twee Autos sünd dor tosomenstött. Gottloff stiegt de Fohrer heel un gesund ut ehr verbuulten Fohrtügen. Hebbt noch mal Glück hatt. Wat suust un jaagt dat rundüm, dor kann een Hören un Sehn vergahn... Un wat weer dat mal för 'n schöne stille Gegend.

Tjä, dat is en lütt Stück vun *mien* Hamborg – wo ik to Huus weer un mi denn jümmers noch wunner, dat ik so lange fohren mutt, bet ik endlich dor bün, wo wi wahnt.

☆

Wiehnachtsmarkt

Dat weer blots en lütte Meldung in de Zeitung west: Op en Autostraat in de grote Naverstadt harrn se en olen Mann dootfohrt. He harr dor röver lopen wullt. Miteens stünn mi dat düdli vör Ogen: Dat müss jüst de Straat west sien, wo ik vör 'n poor Daag ok röver lopen weer. Ik harr so lang al na 'n Breefkasten söcht, aver ik kunn un kunn keen finnen. Un wenn ik mal een vun 't Auto ut wiesworrn weer, denn kunn ik wiet un siet nich anholen. Ik weer al rein vertwiefelt, de Breef müss doch weg!

In düsse Gegend vun de Stadt kenn ik mi nich ut; miteens aver seech ik en frien Parkplatz an de rechte Stratenkant, in nullkommanix weer ik ranfohrt un utstegen. Dor geef dat jo nu en himmelhoges Koophuus, en U-Bahn-Statschoon, en grote Tankstell' – aver keen Breefkasten. Dat kunn doch woll meist nich angahn! Doch dor günt, op de anner Stratensiet, noch 'n arig Stück weg, dor weer jo en Postamt! Groot un geel lüchen de Bookstaben över de brede Döör. Blots wo schull ik dor henkamen? Keen Ampel wiet un siet.

Dat regen ganz sachen, koolt weer dat un ielig harr ik dat överto. De Breef müss weg, wenn mien kranke Fründin den noch to 'n Adventssünndag kriegen schull. Dat weer viellicht en Verkehr op de Straat! Dat suus un bruus in beide Richten, dree Regen blangenanner – en Larm, kunnst din egen Woort nich verstahn. Un stünken de dat... Dat Koophuus weer vun baben bet ünnen mit Wiehnachtssteerns utstaffeert, an de Tankstell schaukeln bunte Lichterkeden liesen in'n Wind.

Miteens bleef dat still – keen Auto mehr. Jiechenswo müssen Ampeln den Stroom vun Fohrtügen stoppt hebben. Los!! Ik rönn mit den Breef in de Hand... dor kemen se ok al wedder, kemen mit ›full speed‹ op mi to – ik leep, all wat ik kunn, un ik kann fix lopen... dor weern se ok al ran un – achter mi vörbi.

Ik harr de anner Stratensiet knapp faatkregen. Nich een Auto is ok blots en beten lanksamer fohrt, nich een... un se hebbt mi doch vun wieden al sehn müßt.

De ole Mann hett woll nich so gau lopen kunnt as ik. Dor sünd de Autos ok nich lanksamer worrn.

As ik op de anner Stratensiet al en Stück lanks gahn weer, dor wörr ik en brede Trepp wies, de ganz sachen na nerrn güng – un vun dor güng ok en Tunnel ünner de Straat dörch. Dat Lopen harr ik mi sparen kunnt... De Tunnel güng op en lütten Platz to, dor geef dat Dannenbööm to kopen, Boden mit Smoltkoken un mit lütte Geschenken geef dat dor, un en Nudeldreier speel Wiehnachtsleder. Ole Fruenslüüd stünnen to klöhnen, Kinner un ehr Mudders trocken dörch dat bunte Gewöhl von Kokenruch, blänkern Lichten un Musik. In een Eck stünn de Wiehnachtsmann. Baben över ehr Köpp brusten de Autos, hier ünnen kunn een dor meist nix vun hören. Eers op de anner Siet, wo ok en brede Trepp na baben güng, slöög een de Larm wedder üm de Ohren. Aver dor sparr ok glieks dat grote Koophuus sien Dören op, ganz wiet, as en grootmächtig Muul, dat all Minschen översluken oder in sik rinsugen wull, de dor de Trepp ropkemen. Un de Wiehnachtssteerns blänkern un blitzen för dull... aver mien Breef weer ik good los worrn.

En Ogenblick later seet ik wedder in mien Auto un höör sülm mit to den Stroom vun Autos, de mit Larm un Gestank lanks de Straat brusen de. Dat kunn een sik gor nich vörstellen, dat dor ünnen, deep ünner den Asphalt, en Wiehnachtsmarkt weer... un eers recht nich, dat hier baben miteens en Minsch över de Straat lopen kunn. Wat harrn hier denn Minschen to söken? Nix!

☆ ☆ ☆

Reisen to Wiehnachten VIII

Wiehnachten – un keen Book? Gifft dat jo gor nich! Dat mutt nich jümmer so 'n dicken Wälzer sien, aver en smuck Book, wat 'n ok later noch giern in de Hand nimmt, dat höört to Wiehnachten jüst as de bunte Töller.

Na ja, mit de Johren sammelt sik dor allerhand an, un wokeen hett al so 'n behöllern Kopp un kann sik för jümmers marken, wannehr he wat vun wokeen mal schenkt kregen hett?

Nu kann 'n jo en Widmung in 't Book schrieben. Blots wenn annerseen dat Book mal in de Hand kriggt, de mach sik viellicht wunnern över »Für meinen liebsten Schatz von seinem Kater!« oder »Unserer Kegelschwester mit lauter guten Wünschen zum 75. Geburtstag! Gut Holz!«

Gustav heff ik to Wiehnachten mal dat niege Book vun en ganz berühmten Schriever schenkt. Eers körtens harr de in uns Stadt dor wat ut vörleest. Gustav hett sik bannig freiht un hett dor glieks in blädert. »Och«, sä he denn miteens, »dor hebbt se di aver mit ansmeert! Dat is jo gor nich nie – dor hett jo al een sien Namen rinkliert!« Tjä, he harr nich spitz kregen, dat ik em een vun den Schriever mit egen Hand signiertes Exemplar schenkt harr.

Gustav signiert Böker ok mit egen Hand. Aver blots för mi ganz alleen. Dat is denn aver ok allens, wat he to so'n Book bidregen kann. Eers köfft he dat jo richdig in 'n Laden, un wenn ik dat kriegen schall, denn schrifft he dor jo ok nich sien Namen rin, nee, he schrifft *mien* Namen, un viellicht noch »Weihnachten« un de Johrstall. Un ik maak dat mit Böker för em jüst so. Un dat bedüüd uns mehr as de Namenstog vun en Dichter, den wi persönlich gor nich kennen doot. Aver ik kenn Gustav sien Handschrift un he kennt mien, un wenn dor nich blots »Wiehnachten« steiht, wenn dor ok »Husum« oder »Lübeck« oder »Glückstadt« steiht, denn is dat för uns en ganze Geschicht. Denn hebbt wi dat Book nämli vun dor mitbröcht.

Och jo, Husum, dat's ok'n Reis' wert... Nee, nich blots wegen Theodor Storm, ok wenn de Stadt düssen Dichter to verdanken hett, wenn ehr Nam' meist överall in de Welt bekannt is. Aver vunwegen »graue Stadt am Meer« – dat is jo nu würkli bannig överdreben! Aver en Dichter kann een sowat jo woll nich för övel nehmen.

Nu is Theodor Storm in Husum jo nich blots boren un groot worden, he hett dor ok lange Johren leevt. Un ok 'n Dichter schrifft sik sien Böker jo nich sülm, af un an mutt he ok mal welk kopen. Un wo hett Theodor Storm sien Böker köfft? Tja, wat sik in Husum eersmal so richdig fastsett hett, dat sitt! De Laden, wo al Theodor Storm sien Geld för Böker utgeben hett, den gifft dat jümmers noch! An dat Huus hett sik nich veel verännert, un ik glööv, an de smallen hogen Schaufinster ok nich. Also wenn ik mi dat so vörstell, dat Theodor Storm dor al dörch de Schieben keken hett un denn ok de Klink vun de ole Ladendöör daldrücken de – wat mag he dor woll seggt hebben, un wat hett he dor woll köfft?

Soveel hett he dor köfft – un dat weet ik för wiss ut en ol lütt Book! – dat he sogor Schullen bi sien Bookhändler harr, un nich to knapp! Un freiht hett he sik, wenn to Wiehnachten recht veel Böker vun em verköfft weren. Denn de Dichter mutt jo ok vun wat leben. He hett sogor al wüßt, wo wichdig de Ümslag för en Book is: »...schließlich verkauft zur Hälfte doch der Einband das Buch« schreef he mal in en Breef un hett ok ganz genau angeben, wo dat Bild op een vun sien Böker utsehn schull. Sühstwoll, ok vör mehr as hunnert Johren harrn de Bökermaker al rut, dat 'n schöön bunt Bild, wat de Lüüd örnlich in de Ogen fallt, meist noch wichdiger is as dat, wat twüschen de beiden Bookdekkeln to lesen is.

Binnen is de ole Laden jo nu heel modern worden, so wied dat in so ole Muern möglich is. Un Böker gifft dat dor, Böker, so veel staht in lange Regen vun baben bet nerrn, dor is rein dat Enn vun weg! Un Böker vun Theodor Storm gifft dat woll narms so veel as dor, un noch veel mehr Böker, de över sien Leben vertellt un wat dor sünst noch allens mit tosomenhangt. Du leve Tiet, wat wörr de Dichter woll seggen, wenn he dat mit egen Ogen sehn kunn? Wat he över all de Böker, de sik mit sien ganz private Person befaten doot, glücklich wörr, dor bün ik mi jo nich so seker. Aver vun'n Dichterhimmel ut, dor süht 'n dat jo viellicht al ganz anners...

Nu gifft dat in Theodor Storm sien olen Bökerladen heel verschieden Böker to kopen. Blots Gustav un ik fohrt dor jo nich extra na Husum för. Dor hebbt wi bi uns in Kiel jo warrafti Gelegenheit noog. Aber wi kennt de Lüüd, de düsse Laden tohöört, un wenn wi na Husum kaamt, kiekt wie dor giern mal in un seggt »Goden Dag«. Un denn kann dat ok sien, wi seht ’n lütt Book, dat wi forts kopen möögt. Männigmal köfft Gustav en Book för mi, heemli, to Wiehnachten. Ik do denn so, as wörr ik nix marken.

Aver mal hett he mi doch överrascht. Mit en Book ut Husum, ut jüst den Laden, wo al Theodor Storm . . . na ja, en Book mit över 600 Sieden: »Der praktische Hausarzt.« Mien Leevdag kann ik nu also nich vergeten, wo de herkümmt! Dat wullen se dor billig afstöten, hett Gustav mi later vertellt.

Ik much blots bannig giern mal weten, wat de Dichter för sien Fru ok so ’n Överraschungen in de Achterhand harr . . .

☆

Böker för ’t Leben

Böker, dat sünd de richdigen Geschenken för Lüüd, de allens hebbt. En Book kann ’n jümmers bruken. Sogor, wenn ’n ganz fix sülm en Geschenk maken mutt un so gau nix besorgen kann. Denn kann ’n jo man eersmal dat Book nehmen, wat ’n verleden Wiehnachten schenkt kregen hett. Schöön inwickeln, Band üm, fardig! Dor kannst wedder mal an sehn, wo ’n Book good för to bruken is . . .

Överto is en Book jo ok praktisch: Mit de Post lett sik dat ganz eenfach verschicken un geiht ok nich so licht twei. Wo mit de Wiehnachtspaketen jümmers rümsmeten ward, dat weet een jo doch. Jehann-Tedje, de weet aver noch wat veel beters. Un wo he dat sülm jümmers vertellt, dorüm mutt'n em dat jo woll ok glöben.

Jehann-Tedje is en Dichter. Dor kann he ganz good vun leben, he schrifft Geschichten – un Romanböker, de vele Lüüd giern lesen möögt. Un de Verleger, de dor jo för sorgen mööt, dat ut so 'n Hümpel vullkleihtes Papier en richdiges Book warden kann, de köönt dor ok vun leben; un de Bookhändler, bi de jedereen de Böker kopen kann, jo, de ok. Un dorüm möögt Verleger un Bookhändler Jehann-Tedje ok giern lieden. Nu maakt he aver överto noch Gedichten, richdig welk, de sik riemeln doot. Un sogar de warden druckt! Gifft af un an jo Lüüd, de so 'n Gedichtbook kopen wüllt. Viellicht, wieldat't nich so dick is oder wieldat se jüst en sinniges Wiehnachtsgeschenk bruukt. Oder wieldat se den Dichter Jehann-Tedje nu mal lieden möögt. Af un an verschenkt he sülm een vun sien Gedicht-Böker, wenn he jiechenswo inlaadt is. Statts Blomen kriggt de Huusfro en Book. Mit persönliche Widmung, versteiht sik. To 'n Wiederverschenken is dat also nix.

Nu weer he jo körtens to en Adventskaffee inlaadt, de Dichter Jehann-Tedje. He schull dor ok 'n beten wat ut sien nieges Book to'n besten geben. Weer 'n vörnehmes Huus, de Gäst' all »literarisch ungemein interessiert«, harr em de Huusfro vörher verkloort.

Un en bekannten Dichter as Kaffeegast, na, dat maakt jo wat her! Dat harr de Husfroo em natürli nich so seggt... Un denn, Jehann-Tedje mutt jümmers lachen, wenn he dat vertellt, denn kunn de Huusfro dat schöne niege Book nich finnen, dat he ehr jüst eben schenkt harr. Un wat harr se sik dor noch för bedankt, för Swögen harr se sik gor nich to laten wüßt!

»Un denn«, grient he, »leeg dat ünner en Blomenputt! As Ünnersatz! Anners harr de schöne Kommood' Placken kregen!«

Jede annere Schrieversmann weer jo nu woll beleidigt west; aver Jehann-Tedje süht dat ganz locker: »Na, de Daam' weer dat viellicht schaneerli! Se harr den Putt vun en annern Gast kregen un hett woll nich so gau wüßt, wohen mit dat Dings. Ehrer se den Mahagoni verungeneer, hett se eersmal dat Book nahmen. Dor schall nu blots noch een seggen, Gedichten sünd to nix to bruken!«

Denn sett he noch to, dat nächste Book harr he al in Arbeid, aver he wörr dat ganz dünn maken. Wenn denn mal jiechenswo en Disch wackelt, denn kunn 'n den Schaden dor jo licht mit beheben.

Un wat will uns de Dichter Jehann-Tedje dormit seggen? Dat de Minsch mit en smallen Band vun Gedichten männigmal veel mehr anfangen kann as mit den dicksten Roman!

☆

Blots Eggert, de kiekt jümmers 'n beten gediegen, wenn he Jehann-Tedje so snacken höört. Un lachen kann he dor al gor nich över, wenn en Dichter sik över sien egen Wark lustig maakt. Denn knippt he de Ogen to twee Slitzen tosomen un treckt den Mund mit smalle Lippen ganz breet. Wat em nu wat weh deit oder wat he dor glieks wat op seggen will, dat is nich so licht uttomaken. Wenn he dor aver wat op seggt, denn is dat meist, as kreeg een wat mit de Pietsch üm de Ohren.

Eggert hannelt nämli mit Böker. Ok mit de vun Jehann-Tedje, versteiht sik. Dat Geschäft hett Eggert al vun sien Vadder arvt. Blots, dat langt jo nich, so en Geschäft eenfach to arven. Een mutt sik dor ok för insetten. För dat, wat 'n verköpen schall. Un bi Eggert weren dat nu mal Böker.

Tjä un kiek, Böker verkopen, dat's jo nich ganz so as suern Hering verkopen. De Heringsverköper mutt jo nich jeden Hering anbieten, he weet ok so, wat sien Herings wert sünd. Wenn he sik man op 't Reken versteiht, dat langt tomeist. Aver de Böker verkopen will, Böker, de jo egentli nix anners sünd as Papier mit Bookstaben op, de mutt sik dor all mit utkennen. Un op 't Reken mutt he sik natürli ok verstahn. He is jo ok Koopmann un mutt dor jo vun leben, vun de Böker.

Eggert hett lang bruukt, ehrer he dor achter keem, wo he dat anstellen schall. För em weren Böker eben nich eenfach en Hannelswaar', nee, kopen un verkopen weer för em, as he noch en ganz jungen Bookhändler weer, meist so 'n Oort hillige Handlung. För em harrn Böker en ganz annern Wert as dat, wat se kösten deen. Dorüm harr he ok bannig verdattert keken, as mal en Mann in 't Geschäft keem, schick in Schale, un em fraag, wat he em woll so teihn bet twolf

Meter Böker levern wull. Wenn 't angahn kunn, glieks annern Morgen bet Klock negen.

Jo, harr Eggert seggt, angahn kunn dat woll; aver teihn bet twolf Meter, dat weren doch 'n ganzen Barg, un wat för 'n Oort Böker dat denn sien schullen oder wat de Herr sik lever nochmal ümkieken wull.

Nee, dor harr he keen Tiet to, sä de schicke Mann, aver de Böker schullen möglichs blau sien, blots nich so hell.

Blau? Eggert kunn sik dor överhaupt keen Vers op maken. Woso denn blau?

Jo, sä de Mann, he harr sik sien Büro nie inrichten laten, ganz helle Möbel, griesen Teppich, un an de Wand achter sien Schriefdisch weren so lange Regalen, dor müssen sik Böker jo good op maken. Blots in de Farv schullen se passen, kunnen ok welk mit 'n Ledder-Rüch sien, mit gollen Bookstaben un so.

Eggert weer so baff, dat he den Kierl al rutkumpelmenteren wull, wenn sien Vadder dor nich överto kamen weer. De hett den afsünnerlichen Handel afslaten un dor babento en goden Kunnen mit infungen. Later hett de nämli för sien Geschäftssfrünn un för de, de dat mal warden schullen, to Wiehnachten de »repräsentativen Geschenkwerke‹ köfft, de mit ehr Gewicht un ehrn Pries allerhand op de Waag' bringen doot. As Geschenk hebbt de sik al jümmers good maakt. Un de sowat kriggt, bruukt de jo nich to lesen.

Dat 's al lange Johren her un Eggert hett wieldess insehn, dat de Mann to 'n Lesen vun all de blauen Böker gor keen Tiet hebben kunn. Ganz fröher hett dat jo mal heten, wi Dütsche weren en Volk »der Dichter und Denker«. Na, dat klingt jo heel schön – aver de sik Dichter nöömt, sünd meist gor keen, un de mehrsten Lüüd mööt arbeiden un köönt sik nich lang mit Denken opholen. Wieldess gifft dat jo vele Lüüd, de hebbt as eenzigst Book blots dat Telefonbook in't Huus un överto gifft dat bi uns ok noch Mitminschen, de köönt överhaupt nich lesen. Viellicht is dat jo ok nich mehr so wichdig as fröher, as dat noch keen Fernsehen geef.

Eggert hett mit de Johren ok mehr Gedüür mit Minschen kregen, de nich veel Ahnung von Böker hebbt un sik in sienen Laden eersmal en beten tögerig umkiekt. Blots vun 't Reken, dor versteiht he noch jümmers nich so veel. He kümmt woll eben lanks, aver sien Laden is nich grötter worden, sietdem he em vun sien Vadder övernahmen hett. Viellicht versteiht he sik dorüm ok noch 'n beten mehr op den Ümgang mit sien Kunnen. De mehrsten kennt he un weet, wat se möögt un wat nich. Op jiechens een Oort betahlt sik dat woll ok ut.

Un so kann 't bi em passeeren, dat he en Book nich verköfft, ok wenn he dat in't Schaufinster liggen hett. Keem doch en Fru to em in 't Geschäft un wull den neesten Roman vun en ganz bekannten Schrieversmann hebben. As Wiehnachtsgeschenk för ehrn Söhn. Mit den weer Eggert ganz good bekannt; ehr Söhn harr seggt, sä de Fru, se schull man to em gahn.

»Und dies Buch, das wünscht Ihr Sohn sich zu Weihnachten? Hat er das gesagt?« Eggert keek de Fru ganz fründli an, aver se mark jo woll doch, in de Fraag klüng so 'n gediegen Ton mit.

»Ja, aber Sie haben es doch im Fenster«, sä se 'n beten unseker, »und mein Sohn mag gerade diesen Autor ganz besonders gern. Hat er jedenfalls gesagt.«

»Eben«, Eggert nickköpp, »das weiß ich. Aber, wenn ich mir erlauben darf...« un denn verkloor he, worüm jüst düt Book nich so good is as de annern Böker vun düssen Schriever, un de Mudder wörr ehrn Söhn wiss keen so groten Gefallen mit düt Wark maken, al gor nich, wenn se em dat to Wiehnachten schenken wull.

»Aber, wenn ich Ihnen etwas empfehlen darf; dazu würde Ihr Sohn sich ganz bestimmt freuen. Da bin ich ganz sicher.«

»Ja, wenn Sie meinen...«, de Fru dreih dat Book, dat Eggert eben ut 't Regal trocken harr, noch 'n beten tögerig in de Hannen, »denn packen Sie das man ein.« Un se fraag gor nich eers, wat dat kösten schull.

Düt Book weer arig 'n beten wat dürer as dat, wat se eers hebben wull. Dat leet in 'n ersten Ogenblick, as harr Eggert doch ganz good reken kunnt. Blots de annern Kunnen in den lütten Laden, de düt Book, wat in 't Schaufinster leeg, viellicht ok kopen wullen, de hebbt dat woll nalaten. Wenn de Bookhändler al sä, dat weer nich recht wat – woso harr he dat denn överhaupt in 't Schaufinster utstellt?

Natürli kaamt ok Kunnen in Eggert sien Laden, de he noch nie sehn hett. Jüst to Wiehnachten drängelt sik dat bi em, un wenn denn noch dat Telefon bimmelt un to lieke Tiet grote Paketen mit bestellte Böker bröcht warrn, dree Lüüd op 'n Mal na söß verschieden Böker fraagt un dor in de achterste Eck bi de Taschenböker twee halfwussen Jungs dorbi sind, Dummtüüch antostellen, denn is he in sien Element, wuselt flink twüschen Bökerpaketen, Regalen, Kunnen, Packdisch un Ladenkass hen un her, kümmt ganz ohn Hölp twors nich ut, un hett liekers för jedeneen, de mit Bedacht na en Geschenk söcht, Tiet un meist ok en goden Raad. De Wiehnachtstiet is en hille Tiet für em, un jede Dag is so lang, dat he sik doch männigmal wünscht, he harr Wiehnachtenabend endli faat.

Aver an enen Abend, Eggert wull jüst de Döör afsluten, dor kemen noch twee Mannslüüd, kemen eenfach so rin, säen nix, harrn de Hannen in de Manteltaschen un keken so an de Bökerregalen lanks, as söchen se wat, oder nee, as luerten se op wat.

Nu stünnen ganz achtern in 'n Laden en olen Schoolfründ vun Eggert mit sien Fru. De harrn Böker afhalen wullt, de se to Wiehnachten bestellt harrn, wullen jüst betahlen, Adjüs seggen un denn na Huus fohren. Wenn se noch 'n Ogenblick töben muchen, harr Eggert seggt, denn wörr he glieks mitkamen. He wull blots noch de Kass' maken.

Un nu weren dor düsse twee frömden Kunnen kamen, de nich gröten un nix fragen deen. Ok mit 'nanner snacken se nich, se bleben aver jümmers ganz dicht tosomen. Weren good in Tüüch, bannig elegant, de een groot mit brede Schüllern, de anner so 'n lütten Fledigen, 'n Hoot op 'n Kopp harrn se all beid' nich, un de Hannen jümmers in de Manteltaschen.

Buten op de Straaten flau de Verkehr al af. Blots noch wenig Lüüd lepen mit vulle Taschen na de Bushaltestell, strevten all na Huus, in ganz kotte Tiet weer 't buten meist still worrn. Op dat natte Ploster spegeln sik de Lichterkeden un Wiehnachtssteerns un bewern sachen in de kolen Wind. Vun Eggert sien Schaufinster ut full de Schien vun ’t helle Licht meist bet na dat Bürohuus op de annere Stratensiet. Dor weer ’t al düster. De harrn lang al Fierabend.

Eggert stünn an sien Packdisch, kraam en poor Schriftstücken vun de een op de anner Siet, bläder de Bestellzettel dörch un leet de beiden Kunnen nich ut de Ogen. He harr al mal fraagt, wat se besünnere Wünsch harrn, aver se harrn dor nich veel op seggt, jiechenswat vun »Buch« harr een brummt, un nu stünnen se an de Dreihstänner mit de Taschenböker. Dicht an de Ladendöör.

Eggert sien Schoolfründ harr dat Book, wo he eben noch in blädern de, wedder in’t Regal trüchstellt, de Fru greep na ehr Tasch, de op den Packdisch leeg un de Mann sä: »Wenn du noch to doon hest, denn wüllt wi nich stören. Weer ’n langen Dag. Ok för uns. Laat uns man...« Eggert keek em an, ganz kott blots, sä aver nix un beet sik op de Lippen. Denn kraam he rein för dull mit sien Papieren rüm. Ok de beiden Frömden dreihten blots mal eben de Köpp na de beiden dor an den Packdisch, de miteens wies warden kunnen, wat för Typen dat weren.

»...so lang noch töben«, snack de Mann ruhig wieder, »bet de annern kaamt. De mööt jo jeden Ogenblick hier sien.« De Fru wull jüst wat seggen, dor föhl se, wo ehr Mann na ehr Hand greep, ganz fast greep he to. Se beet sik op de Lippen un föhl, wo se, ganz vun binnen her, stief un kold wörr. Knapp, dat se noch aten kunn.

De beiden Kierls stünnen jümmers noch bi de Taschenböker, grepen af un an mal een rut, steken dat glieks wedder trüch, keken dor nich mal rin. Seggt harrn se jümmers noch nix. To hören weer blots noch de Sekunnen-Wieser vun de Klock över de Ladendöör. Mit ielig un stüttig Ticken leep de jümmers un jümmers rundüm.

»Haben die Herren schon das Passende gefunden?« füng Eggert nochmal an. Wat klüng se miteens heesch, sien Stimm. De beiden schüddköppten, brummelten wat un güngen rut. Eenfach so. Över de Straat güngen se, bleben güntöver an de Eck stahn, keken trüch, dreihten sik üm un güngen lanksam wieder.

De dree in den Laden stünnen 'n lütte Wiel as verlahmt.

»Wat weer dat?« fluster de Fru, ehr weer de Kehl so dröög. Se harr ganz kole Hannen.

»Hest noch mehr so 'ne Kunnen«, fraag de Mann, »de hebbt sik hier woll in de Huusnummer verkeken. Kunnen viellicht nich mal lesen.«

Eggert tuck blots mit de Schüllern un sä ganz liesen: »Danke« un »danke, dat Ji dor bleben sünd.« Aver he keek sien Frünnen dor nich bi an. Denn tell he mit bewern Fingern sien Geld tohopen. Nu, so eben vor Wiehnachten, weer dat en heel grote Summ'. He steek dat in 'n Büdel, legg den in sien Tasch, haal sien Mantel, möök dat Licht ut, un kunn bi 't Afsluten vun de Ladendöör mit sien bewern Fingern knapp dat Slötellock finnen. De Mann un de Fru nehmen em stillswiegens in de Mitt' un güngen mit em noch 'n Stück lanks de Straat. Vör 'n lütt Wienlokal bleben se stahn.

»Na, kumm man, Eggert«, sä de Mann, »dor köönt wi woll 'n Glas op verdregen...«

De Fru dreih sik nochmal üm. Aver se seech blots en poor harmlose Passanten, de sik de Wiehnachtsschaufinster ankieken deen.

☆

Wat kriggt een in de Vörwiehnachtstiet blots för interessante Prospekten un Kataloge in 't Huus! All de groten Bookgeschäften un de Koophüüs mit ehr Bökerafdelung hebbt för jeden wat, ok för en Mitminschen, de sünst mit Romans un all sowat nix an 'n Hoot hett.

Dat gifft jo keen Hobby, un dat mag noch so afsünnerlich sien, wo 't nich ok dat passen Book för gifft, wat een Breefmarken sammelt oder op türkisch kaken will, wat een sik för ole Autos interesseert oder mehr an afsünnerliche Strickmuster sien Spaaß hett; dat gifft nix twüschen Aalangeln un Zegentocht wo keen Book över to kriegen is. Un dor schall 'n keen passen Wiehnachtsgeschenk finnen?

In Kaakrezepten un Strickmuster is Eggert in sien lütten Laden jo nu nich so good sorteert, dor hett he gor keen Platz för. Un för Literatur un Kunst kann sik ok nich jedereen begeistern, de wat to lesen söcht. Aver dat gifft jo noch en Rebeet, dat geiht jedeneen wat an – un dat is ganz över de Maten wiedlöftig!

»Guten Tag! Haben Sie ›Die Kunst, das Leben zu meistern‹?«

So keem en junge Deern al an 'n fröhen Morgen in 't Geschäft weiht, knapp dat Eggert sien Mantel uttrokken, in ’t Schaufinster Licht maakt un de Kass’ opslaten harr.

»Wie bitte? Moin, Moin, mein Fräulein«, Eggert schoof sien Brill mehr na de Nesenspitz rünner un keek över den Rand weg; so ’n smucke Deern op nüchtern Magen – dat müss jo Glück bedüden.

»Ich möchte gern ›Die Kunst, das Leben zu meistern‹«, sä de Deern, »haben Sie’s vorrätig?«

Eggert keek de Deern mit Smustern an: »Tjä, die hätt ich auch gern mal...« aver denn sä se meist ungedüllig, den Namen vun den Autor wüss se nich, aver wenn he dat Book harr, denn wull se dat forts mitnehmen.

He bläder al in den dicken Wälzer, wo de Titel vun meist all Böker, de ’n so kriegen kann, instünnen un mummel so liesen vör sik hen: »Kunst... Kunst...«

»Also ’n Kunstbuch ist das nich«, nu weer de Deern al meist argerlich un Eggert keep op: »Nee? Ach ich dachte... das Leben zu meistern, wissen Sie, das ist nämlich gar nicht so einfach...«

»Och, ich will das doch verschenken!«

»Verschenken?! Sie können das also schon?« Eggert grien ehr an, ganz fründlich.

»Was? Was soll ich können?« Se weer ’n beten unseker worrn, »was meinen Sie eigentlich?«

»Och, nix weiter«, he söch wedder in dat dicke Book, »aber hier ist noch etwas ›Die Kunst ohne Überfluß glücklich zu leben‹ – das ist übrigens auch kein Kunstbuch, mein Fräulein«, Eggert keek ehr heel ernsthaftig an, aver üm sien Mund tuck al wedder so ’n ganz lütten Grientjer, »das ist vorrätig. Übrigens sehr aktuell...«

»Ach, ich weiß nicht...« sä se twiefelmödig, »...ohne Überfluß glücklich... das klingt so komisch... und ich will das doch verschenken. Grade jetzt zu Weihnachten, ach wissen Sie, nee...«

Se wull al gahn, dor greep Eggert na en Book: »Was meinen Sie dazu? Damit können Sie nichts verkehrt machen – ich meine, weil Sie in der Richtung sowieso was suchten.«

»Warum nicht einfach glücklich sein«, lees se, »klingt gut.«

»Ja, nicht? Von Kunst ist da überhaupt nicht die Rede.«

»Ich glaub', das nehme ich«, sä se. Un as Geschenk wull se dat ok inwickelt kriegen, mit 'n schöön gollen Gummiband üm.

»Ach, sagen Sie«, se keek, wo he mit dat Papeer hanteer, »wie ist das mit dem Überfluß?« Eggert keek hoch, »ich mein', was ist das für 'n Buch, ohne Überfluß und glücklich leben?«

»Die Kunst, ohne Überfluß glücklich zu leben«, sä Eggert un müss sik wedder dat Smustern verbieten, »tja, es ist schon gut, wenn man 's kann. In dem kleinen Buch gibt's da wohl 'n paar Tips für, sozusagen 'ne Gebrauchsanweisung für eventuelle Notlagen.«

Se wüss nich so recht, wat he ehr blots op 'n Arm nehmen wull oder wat he dat eernst meen. »Ja, aber«, füng se noch mal an, »wer so'n Buch schreibt, der muß da doch was von kennen.«

»Das sollte man zumindest annehmen«, sä Eggert so 'n beten achtersinnig un harr endlich dat Goldband üm dat Book tüdert. »Zwölf achtzig, bitte«, sä he.

»Ach, mehr nicht?«, se weer ganz överrascht, »ich hab' gar nicht geguckt. Och wissen Sie, denn können Sie mir das andere man auch geben, ich mein' das mit dem Überfluß!«

»Wollen Sie da auch 'n Goldband rum?«

»Nee, das lassen Sie man«, lach se fröhlich, »das ist bloß für mich! Möcht' bloß mal sehen, wie das ist – ohne Überfluß glücklich sein! Aber das heißt doch immer: Guter Rat ist teuer! Ist ja gar nicht wahr! Vielen Dank! Tschüß!«

Rut weer se. Eggert harr nich mal Tiet hatt, sien erste Kundin an düssen Morgen bet an de Döör to bringen.

Wenn Eggert sik so dat Regal mit all de kloken Böker för »Lebenshilfe« ankeek, denn kann een sik würkli würkli wunnern, dach he, dat soveel Minschen mit ehr Maleschen nich kloor kaamt. Wenn de dat richdige Book in de Hand kregen – denn kregen se doch to weten, wo se mit ehr Probleme trecht kamen köönt. Aver de eers mal studeer, wat't allens för Böker mit gode Raadsläág för alle Probleme geev, de kunn op Probleme kamen, an de he betto överhaupt noch nich mal dacht hett! Tjä, dat weren Böker för 't Leben – ok wenn se viellicht nich ünner 'n Dannenboom passen deen.

Hilf dir selbst, sonst hilft dir keiner – dor weer wiss männigeen al achter kamen, wenn he blots wüss, wo he dat anstellen schull. *Nehmen Sie Ihr Leben selbst in die Hand!* – jawollja, sowat kunn een bruken! Un för acht dütsche Mark weer dat doch geschenkt!! As Anfänger müss'n jo viellicht eersmal lehren, mit sik sülm togangen to kamen. Nix eenfacher as dat: *Die Kunst, sich durchzusetzen!* Köst ok blots acht dütsche Mark un maakt för jedeneen düdli, dat Kunst nich blots Speelkram för Spinner is.

Aver de dat in 't Leben to wat bringen will, de müss dor ok sien Kopp för bruken: *Die erste Million ist die schwerste*, heet en anner Book. Dat kann 'n woll seggen, dach Eggert, bi em wörr dat woll nie wat warden. Viellicht schull he glieks dat anner Book studeren: *Tausend legale Steuertricks*, denn anners kunn een as unbedarften Minschen woll nich good to 'n Million kamen, dor paß dat Finanzamt al för op! Un mit *Stroh im Kopf* keem een dor eers recht nich to, wenn een sik nich mit dat schöne Book befaat harr: *Gebrauchsanleitung für's Gehirn*... Eggert kenn' männig Lüüd, de he dat giern schenkt harr – wenn dat blots helpen wull! De mehrsten glöövten jo, se bruken sowat nich.

Wat müssen so 'n Lüüd, de düsse Böker schreben, doch eersmal sülm ganz över de Maten gesund, riek un glückli sien. Weer jo dankenswert, wenn de ehr Mitminschen ok op den rechten Padd bringen wullen.

Blots, de al bi de erste Million anlangt is un de Kunst lehrt hett, sien Schicksal sülm in de Hand to nehmen un dorüm ganz eenfach glücklich is, wieldat he sik överall dörchsetten kann un sik nix mehr gefallen lett, wat de dor överhaupt noch an denken kunn, anner Lüüd densülwigen Weg to't Glück to wiesen?

Dor güng de Ladendöör, Lüüd kemen, un denn keem ok Jehann-Tedje, de Dichter, wull mal eben na sien Fründ Eggert un natürlich ok na sien Böker kieken.

»Wat steihst denn dor un kiekst«, sä Jehann-Tedje, »fehlt dor wat?«

»Nee, ik dach blots, kiek mal hier – worüm schriffst du nich ok sowat? Kiek mal, wat de för Oplagen hebbt! Ik segg di, dat sünd Renner!«

»Laat mi an Land«, lach de Dichter, »dor verstah ik nix vun! Ik laat jeden op sien egen Fasson selig warden... un ik will dat ok!«

»Aver de dat nu nich kann?« fraag Eggert, »gifft doch mehr as noog, de nich klaar kaamt.«

»Aver för acht Mark kannst nix verlangen.«

»Tja, Böker för 't Leben«, sä Eggert sachen, dreih sik kott na en Kunnen um: »Der Goethe? Neunundvierzig achtzig. Soll ich 's als Geschenk einwickeln?« un meen denn wedder to Jehann-Tedje: »Böker för 't Leben, mutt jedereen för sik sülm rutfinnen. Jedes Book is en Finster, wo du in en annere Welt rinkieken kannst. Un Welten gifft dat, Welten... Ja, Ihre Bestellung ist da! Sechsunddreißig Mark, bitteschön! Kann ich Ihnen helfen? Ach, für Ihre Tochter... entschuldigen Sie bitte, das Telefon! Ja, ich höre... jawohl, als Geschenk, natürlich, mit Goldband und frohe Feiertage...!!«

☆ ☆ ☆

Reisen to Wiehnachten IX

»Weetst du egentli, wo de Wiehnachtsmann wahnt?«

Gustav kann aver ok fragen!

»Nee, weetst du dat?«

»Jo, wüllt wi dor mal hen?«

Na, he hett doch wiss wedder eenen in Sinn... aver wenn dat heet, wi wüllt na 'n Wiehnachtsmann, denn kann dat jo ok bedüden, wi wüllt uns mal wat ankieken, wat wi uns denn – sotoseggen – vun'n Wiehnachtsmann wünschen köönt.

Aber denn fohrt wi eersmal dwars dörch de Stadt. Wo schall dat denn hengahn? All de velen groten Geschäften, de hebbt wi jo all achter uns laten. Na kloor, de Wiehnachtsmann wahnt natürlich nich merrn in de Stadt; viellicht wahnt he jo buten op 'n Lannen, in 'n groten Woold oder so. Dat wörr jo ok to em passen. Blots denn müssen wi egentli in en anner Richt' fohren.

»Segg blots, fohrt wi to Ulla?«

»Jo, wi fohrt to Ulla«, seggt Gustav, un dor sünd wi denn ok al.

Ulla hett en smucke lütte Wahnung in de twete Etag'. Aver nu, in de Vörwiehnachtstiet, is de Wahnung noch veel smucker: Överall de Dannentwiegen in de Vasen, Kerzen op de Dischen, un all de lütten Wiehnachtsfiguren, rode Appeln un Nööt in blanke Schötteln – un dat rüükt so sööt na Wiehnachtskoken!

Se kann nämli ok ganz fein backen un versteiht sik ok sünst op allerhand Künst', uns Fründin Ulla.

»Glöövst du, dat se weet, wo de Wiehnachtsmann wahnt?« fraag ik.

»Fraag ehr doch«, smustert Gustav. Un bimmelt an de Döör.

Ulla hett al op uns tööft. Mit Gustav harr se sik dat al afsnackt: So eben vör't Fest schüllt wi »Lüttenwiehnachten« bi ehr fiern. Egentli is dat jo de Dag vor Hilligenabend; blots denn is se al bi ehr Kinner op Besöök un wi hebbt denn ok ganz wat anners vör.

Aver wenn wi uns »Lüttenwiehnachten« fiert, denn is dat al 'n Vörsmack op dat, wat op uns tokümmt. De Kaffee steiht op 'n Disch un en groten bunten Töller mit luder lecker Wiehnachtskoken.

»Segg mal, Gustav hett mi vertellt, du weetst, wo de Wiehnachtsmann wahnt? Wo denn?«

Ulla treckt mi na 't Finster. Een kann vun dor op schöne Gröönanlagen kieken; dat heet, nu sünd Bööm un Büsch jo kahl. Un dorüm kann 'n ok dat smucke lütte Huus ganz düdli sehn. In 'n Summer is dat mank de hogen Büsch gor nich so uttomaken. Gemütlich süht dat ut mit sien hoges Dach un de lütten Finster.

»Dor«, seggt Ulla, »dat is den Wiehnachtsmann sien Huus.«

Nu mutt ik aver lachen. »Woso dat denn?«

»Kiek doch«, seggt se, »dor geiht jüst een rin!«

Warrafti! Dor geiht 'n Mannsminsch liekut över den Plattenweg op dat Huus to, un ielig schient he dat ok to hebben.

»Tööf 'n Ogenblick«, seggt Ulla.

Jo, dor kümmt de Mann ok al wedder rut. Un so ielig hett he dat ok nich mehr. Dor geiht mi miteens 'n Licht op. Nee, sowat! Un Gustav maakt den Spijöök ok noch mit!!

»Ulla! Wo kümmst du blots op sowat! Betto is mi dat lütt Huus egentli nie opfullen – un ik kaam hier doch al siet Johren!«

»Na ja, du hest dor jo ok nix to söken«, seggt se dröög, »aver as mien Kinner noch lütt weren, dor hebbt se sik för düt Huus bannig interesseert un wullen dor afsluuts mit mi hengahn. Mal hebbt se sehn, wo dor en ganz olen Mann mit en langen witten Boort ringüng. Se hebbt glöövt, dat weer de Wiehnachtsmann un de wahn dor in dat Huus. Bi den Globen heff ik se eersmal laten. Un ok, dat 'n dor jo nich stören dörf, anners wörr he böös, de Wiehnachtsmann. Na ja, dat hett eersmal holpen.«

Wieldess sünd Ulla ehr Kinner lang utwussen un hebbt sülm Kinner. Aver dat lütte Huus mank de Büsch op de anner Stratensiet, dat 's jümmers noch »den Wiehnachtsmann sien Huus«.

Tjä, so as utwussen Minschen köönt wi över so 'n Kinnergloben jo lachen. So lang dor nix Leges bi rutsuert. Denn mit sien Globen kann so 'n lütt Minschenkind jo ok böös' in de Bedrouille kamen. Dor hebbt doch vör 'n poor Johren twee Polizisten en ganz lütten Jungen opgrepen. Merrn in de Stadt stünn de in 'n Slaapantog, mit Puschen an de Fööt un 'n Teddy op 'n Arm an en Strateneck un huul. In 'n Slaapantog – an 'n 23. Dezember! De Beamten nehmen em op 'n Arm, föhren mit em na de Wach un wickelten den lütten

Kierl eersmal in warme Decken in. Wo he denn wahnen de, nee, dat kunn he nich seggen un ok nich, wo Papa un Mama denn sünst noch heten deen. Aver wo he henwull, dat kunn he ganz genau verkloren. He wull den Wiehnachtsmann 'n beten in 'ne Mööt gahn, sä he, de schull doch nu bald kamen, un he wull doch so giern mal sehn, wat de em ok wat mitbringen de. He harr gor nich slapen kunnt, un dor weer he eben loslopen. Wo de Beamten de Öllern vun den Lütten funnen hebbt, dat weet ik nich mehr, aver se hebbt dat doch trecht kregen; blots Vadder un Mudder hebbt na den ersten Schreck fix Möh hatt, den Jungen vun all de netten Unkels wedder weg to kriegen.

»Lüttenwiehnachten« bi Ulla – dat's schöön un gemütlich as jümmers un warmt dat Hart... aver Gustav hett noch wat anners vör. Op 'n Weg na Huus kaamt wi an unsen Supermarkt vörbi. To düsse Stünn hett de al lang to. Blots in de groten Schaufinsterschieben flimmert noch de elektrischen Lichterkeden.

»Weetst noch, dat Fohrrad?« seggt Gustav, »dat rosa Fohrrad?«

Op den groten Parkplatz hebbt wi 'n Ogenblick anholen. Glieks kümmt dor en Wachmann üm de Eck, mit 'n groten Schäperhund an de Siet. Wat de woll denkt, as wie glieks wiederfohrt...

Aver dat rosa Fohrrad? Dat hebbt se dor an een Wiehnachten in 'n Vörruum utstellt. Dat weer al bannig opsleten, dat Rad, dor weer keen Staat mehr mit to maken. Schull ok nich. Aver dor schullen sik Lüüd mellen, de dat Rad viellicht kennen deen.

Dor weer nämli twee Daag vörher de Wiehnachtsmann mit ankamen. En Stück wieder lanks weer en Spaarkass, blots 'n lütte Nebenstell' mit en enkelte junge Fru achter'n Schalter. Tominnst an den Nahmeddag weer se alleen as de Wiehnachtsmann keem. Aver he bröch ehr nix, he wull wat hebben. »Los! Kohle her!« reep he. De junge Fru kunn twüschen rode Kapuuz un witten Watteboort blots twee scharpe Ogen glinstern sehn – un en Hand mit en swattblänkern Revolver. Mit flegen Fingern schööf se den Wiehnachtsmann dat Geld hen, soveel, as se jüst griepen kunn. Un denn verlang he, se schull dat ok noch in en Büdel stoppen, den he ehr tosmeten harr. Wieldess seech se jümmers den Revolver, seech dat lütt swatte Lock un den krummen Finger... Later hett se seggt, ehr weer dat vörkamen, as harr dat allens Stünnen duert – un in Würklikeit sünd dat man blots'n poor Sekunnen west. Dor weer de Wiehnachtsmann ok al wedder rut, is op 't Rad sprungen un afsuust. De Polizei hett later blots noch den roden Mantel mit de Kapuuz un den Watteboort funnen. Un dat rosa Fohrrad.

Gustav un ik sünd heel nadenkern na Huus fohrt. Wat ut so 'n troschülligen Kinnergloben nich allens warden kann... aver den lütten Jungen, de sik in Slapantog un Puschen op 'n Padd möök un den Wiehnachtsmann in de Mööt gahn wull, den wüllt wi wünschen, dat he sik in en lüerlütt Achterkamer vun sien Seel noch en beten vun sien Kinnergloben opbewohren deit. Un dat em den nümms toschannen maken kann.

☆

Wokeen glöövt noch an ’n Wiehnachtsmann?

An ’n Wiehnachtsmann glöben, dat köönt blots de ganz Lütten oder de ganz, ganz Olen. Aver de Lüüd, de meent, se stünnen noch merrn in ’t Leben, de weet dor nix vun.

Un de junge Mann wüss dor eers recht nix vun, de Wiehnachtenabend sien Grootvadder halen schull. Dütmal wull de ganze Familie tohoop fiern, un dat weer en heel grote Familie mit Bröder un Süstern, de all sülm verheiradt weren un Kinner harrn, un nu vun wiet un siet anreist kemen, in dat Huus, wo de mehrsten vun jem opwussen weren.

De junge Mann höör dor ok to. He weer jüst Suldat, weer för ’n poor Daag op Urlaub kamen un harr sien Mudder nu verspreken müßt, för all den Wiehnachtsmann to spelen. Eers paß em dat nich recht, aver denn möök em dat doch Spaaß, as Mudder em so utstaffeert harr, dat he sik sülm nich wedderkennen de. Un wo dor nümms in de Familie wat vun wüss, kunn dat würkli en Överraschung för all warden.

Blots in düssen Optog schull he noch över de Straat un dörch en Park lopen un ut dat Heim, wat dor an’t achterste Enn leeg, den Grootvadder afhalen. Den Grootvadder, de so krank weer, dat he Paß un Pleeg hebben müss, bi Minschen, de sik dor op verstünnen.

Hören kunn he meist gor nix mehr, de Ool, aver lopen, dat kunn he noch, wenn ’t ok man heel lanksam güng. Wat he överhaupt mitkregen harr, wokeen em dor egentli afhalen de, dat wüß de Jung nich so recht. Weer jo ok lang her, sietdem Grootvadder un Enkel sik mal sehn harrn; un wenn de Minsch noch bannig jung oder al bannig old is, denn verännert he sik veel gauer – blots in en verschieden Richt.

De Jung harr sien Grootvadder fast ünnerfaat, de harr in de anner Hand sien Stock, un so güngen de beiden, Schritt för Schritt, lanks de Parkwegen. Dat füng al an, düster to warden. In den Park un ok op de Straat weer nümms mehr ünnerwegens to düsse Stünn. Hier un dor kunn een achter de Gardinen al de ersten Wiehnachtsbööm lüchten sehn.

De sünd dor also al bi, dach de Jung. Bi uns mööt se noch luern. Weer jo nich wiet, de Weg; aver so, Schritt för Schritt, duer dat sien Tiet. Dat hölp jo nu allens nix. Un af un an müssen se ok noch mal stahn blieben, wenn Grootvadder de Luft to knapp warden de.

Eers weren se so stillswiegens blangenanner hertappt. Aver denn sä de Ool miteens wat: »So, so, un du büst also de Wiehnachtsmann«, sä he, »du büst aver lang nich hier west.«

De Jung wull wat seggen, wüss aver nich recht wat. Aver dor snack de Ool wieder, heesch un mit Hiemen: »Werner mutt sik in de School veel mehr Möh geben, he hett ’n anslägschen Kopp, aver he is asig fuul! Wenn de so wieder maakt, kann miendaag nix ut em warden! Un Lene, de is so flusig, dor is dat Enn ’vun weg. Wenn de mal heiraden schall, de maakt sik jo rein unglückli – un den Mann ok! Kannst du de beiden dat nich mal seggen? Op di höört se jo viellicht...«

Lene? So heet doch Mudder, dach de Jung, woso is de flusig? Mit ehr Pingeligkeit maakt se doch männigmal de ganze Familie nervös! Un Werner, meent he Unkel Werner? Den kloken Herrn Physik-Perfesser? De jümmers so argerlich op sien beiden fulen Jungs weer, de in de School al backen bleben weren, un dat harrn se, weet Gott, all beid nich nödig hatt. Tominnst sä Unkel Werner dat jümmers.

Grootvadder snack wieder un wieder, müß blots jümmers mal wedder stahn blieben, 'n beten verpusten. Un de Been wullen ok nich mehr so. As vele hatthörige Minschen, tööf he ok gor nich eers af, wat de Wiehnachtsmann dor viellicht wat op to seggen harr, nee, dat leet, as wull he sik all Sorgen üm sien Kinner vun de Seel reden, so lang em dor noch Tiet för bleef.

Wat de Jung dat nu wull oder nich, he kreeg vun sien Familie, vun Vadder, Mudder, Unkel, Tanten, sogor vun Vettern un Kusinen so veel to hören, dat he dor meist nich dörchfinnen kunn. Denn Grootvadder nööm se jo man all blots bi Vörnamen. Aver mal snack he so, as weren se noch Kinner un denn wedder kunn he sik ganz genau besinnen, wat se as utwussen Lüüd allens anfungen harrn. De Jung höör nipp to, versöch, sik allens to marken, nickköpp blots mal un brumm »jo, jo. . .« as sik dat för so 'n Wiehnachtsmann höört. Blots he wüss männigmal nich, glööv de Ool würkli, dat he hier an 'n Arm vun den Wiehnachtsmann op sien Huus togüng oder harr he doch markt, dat em sien egen Enkel stütten de?

De aver mark jümmers mehr, wo ut Grootvadder sien Vertellen so 'n Oort Nett warden de; en Nett, wo se all tohören dehn, wat se dat wullen oder nich: Vadder un Mudder, de Süstern un Bröder, Unkel, Tanten, Groot- un Urgrootöllern, jo, un he sülm ok. En Nett, dat för männigeen to en Last worden weer, en Nett, dat jümmers wedder welk afstriepen muchen, de frie sien wullen, ganz frie! Un wat doch nümms so ganz loslaten de un sogar sachen opfangen kunn. Wat küselt mi blots dörch 'n Kopp, dach de Jung, kannst meist bregenklüterig bi warden, bi all dat Gedröhn...

So kemen de beiden endli an. Mudder stünn al in de Huusdöör, weer ganz opgereegt: »Wo blieft Ji denn blots so lang«, fluster se den Jung to, »tööf noch 'n Ogenblick buten, wi mööt Grootvadder eers begröten. Un wenn he an sien Platz sitten deit, singt wi noch 'n Leed, un denn muttst du kamen un kloppen. Hörst? Un denn allens, as wi dat afmaakt hebbt, versteihst?«

Se tööf gor nich eers, wat de Jung noch wat seggen wull; se nehm ehrn Vadder ganz fast in 'n Arm un harr Möh, ehr Tranen dal to sluken. Denn hölp se em ut den Mantel un föhr em sachen in de warme Wiehnachtsstuuv, wo de ganze Familie al bi brennen Lichten versammelt weer, Wiehnachtsleder sung un op de Bescherung luern de.

Miteens weren op de Deel swore Trä to hören, en Scharren un en Schurren, dor wörr wat schaben un tarrt, dor ank een ganz liesen, un denn klopp dat an de Döör.

»Herein!« reep Mudder. Meist bewer ehr de Stimm. Harr se vun den Jungen nich to veel verlangt? Wat harr se em tosnacken müßt, as he de Rull nich spelen wull, meist vergrellt weer he west. Aver se harr sik dat nu mal in'n Kopp sett: Wo se dütmal all tohop fiern kunnen, schull dat ok wedder so sien, as dat fröher all de Johren in de Familie begäng weer: Een müss den Wiehnachtsmann maken, för all. Un nümms wüss vörher, wokeen dat weer. Blots ehr Vadder, de harr sik dat mit een ut de Familie afsnackt, un de müss denn ran. Aver weer Jens nich doch noch to jung west? Worüm keem he denn nu nich rin? »Herein!« reep se nochmal.

Lanksam güng de Döördrücker rünner; musenstill weer't in de Stuuv, ganz sachen gnistern de Lichten an den hogen Dannenboom. Un dor stünn he in de Döör, de Wiehnachtsmann, un sä: »Goden Abend, alltosomen«, un trock en groten Sack achter sik ran.

Gottloff, Mudder wörr't al 'n beten lichter üm't Hart. He weer dor. Wat de annern em woll kennen wören? De mehrsten harrn Jens jo lang nich sehn. Ehr Broder stünn mit sien Fru un de dree Kinner achter ehr. Wenn de nu blots nich wedder ehr flapsigen Spröök loslaten deen! Tante Lucie müß Unkel Hein jüst nu wat toflustern, aver de schüddköpp blots un legg den Finger op 'n Mund. Un wat much Lotte woll dörch 'n Kopp gahn? Weetfru siet dree Johren al. Veel to jung för allens, wo se nu för graad stahn müß. Nu seet se dor, ganz stief, vertrock dat Gesicht ok nich een beten, harr ehr Arms fast üm de Schüllern vun ehr beiden lütten Deerns leggt. Och, un Vadder, wat weer he small worden! Weer de Weg doch to veel west? Aver worüm sä de Jung denn nix? Stünn blots dor un sä eenfach nix! Se harrn doch allens afsnackt, vunnameddag. Weer dat würkli so hitt in de Stuuv – oder keem ehr dat blots so vör?

»Du leve Tiet«, dach Werner, de Herr Physik-Perfesser, »hett Lene dat doch trecht kregen, mit dat Theoter wedder antofangen. Is jo reinweg pienlich sowat! Süht ganz na Jens ut, de Kierl...«

»Na«, sä de Wiehnachtsmann, »singen könnt ji jo. Un wo is dat mit de Gedichten?«

Der Perfesser geef sien beiden Jungs 'n lütten Stoot in 'n Rüch, »los«, zisch he jem to, »ji sünd meent! Fangt doch an!«

De beiden weren jo nu egentli ut dat Öller rut, wo 'n noch an'n Wiehnachtsmann glöben deit. Liekers keken se 'n beten verlegen, möken ganz unverwohrens 'n lütten Dener, aver dor föhr de Wiehnachtsmann mal kott mit de Hand över ehr Köpp un sä: »Nee, Jungs, eers is juun Vadder an 'ne Reeg.« De mark, wo em ünner de dicken witten Oogbruen twee spietsche Ogen ankieken deen. Un he höör, meist wull he sien Ohren nich truen: »Na, Perfesser, jümmers noch so fuul? Aver schafft hest du dat jo liekers. Harr ik gor nich dacht vun di! Na ja, mit Kinner mutt 'n Gedüür hebben, dat kunnst du di egentli mal marken...«

Werner wull opfohren un den frechen Bengel trüchwiesen, aver he betähm sik, denn nu harr sien lütt Susi sik vör den Wiehnachtsmann opbuugt un kreih mit lüchen Ogen: »Lieber guter Weihnachtsmann, kuck mich nicht so böse an..., stecke deine... deine...« ut weer't.

»...Rute ein...« wull ehr Vadder ehr helpen, aver de Wiehnachtsmann sä ganz fründlich: »Aver ik kiek di doch gor nich böös' an, lütt Susi! Kumm, kannst mi glieks helpen, de Paketen ut den Sack to kriegen.«

»Dat 's doch nich Jens«, fluster Tante Lucie. Dor dreih sik de Wiehnachtsmann na ehr üm: »Vörluud büst du also ok jümmers noch, Lucie«, sä he, »kannst denn tominnst noch 'n Gedicht opseggen?«

De keek em ganz verschraken an, to lieke Tiet föhl se so 'n wunnerlich Grugen in sik opstiegen, as weer se noch 'n lütte Deern, miteens wüss se wedder, wo ehr dormols tomood west weer...

»Na, denn besinn' di man noch mal, Lucie«, sä de Wiehnachtsmann, »du hest dat doch sünst jümmers so fein kunnt«, unverwohrens harr de Fru na de Hand vun ehrn Mann grepen; de höll ehr fast, keek rein 'n beten verbiestert üm sik, grien verlegen un stamer nu meist: »Ik weet aver een... glööv ik...«

»Du, Hein?« Dat leet, as weer de Wiehnachtsmann nu doch 'n beten verwunnert, »na, denn mal los...«

Hein seech all de Gesichter üm sik rüm, in den Schien vun all de Lichten leten se miteens so frömd – du leve Tiet, wo harr he sik blots op inlaten, keem sik in düssen Ogenblick vör as 'n dummen Jung. Denn sluuk he daal un sä mit 'n lütt opsternaatsch Grienen:

»Leve gode Wiehnachtsmann, morgen slacht wi 'n Swien! Un wenn du mi wat Schönes bringst – de gröttste Wuß is dien!«

En lies Kucheln husch dörch de grote Wiehnachtsstuuv, un den Wiehnachtsmann sien Schüllern bewerten; aver he kunn sik betähmen.

He böög sik över den Sack, kraam dor kott in rüm un sä denn: »Dat hest du mal slau anfungen, mien

Jung. Aver du glöövst jo woll sülm nich, dat de Wiehnachtsmann sik smeren lett!«

»Good pareert«, dach Werner, »speelt sien Rull gor nich slecht. Meist kunn 'n glöben, de is echt...«

De Wiehnachtsmann wünk de lütt Susi to sik: »So, du höllst mal den Sack op, jo... so is fein, un nu wüllt wi mal sehn...«

Een bi een haal he nu grote un lütte Paketen rut, all in smuck Papier inwickelt un mit bunte Bänner üm. He reep de Namen, de dor op stünnen, un jedereen müss sien Geschenk vun em afhalen. »Dat Ji mi dat jo noch nich utpackt!« sä de Wiehnachtsmann, »ik wull eers noch de Gedichten hören...« Dor kemen se all, de lütten un de groten Kinner, halten ehr Paketen, welk säen ehr Gedicht op, welk möken blots 'n Knicks un säen oordig »Danke« oder bröchen blots kott un dröög en »Velen Dank ok, Wiehnachtsmann« rut. Keeneen wunner sik mehr, woso de ole Wiehnachtsmann mit den slohwitten Boort noch so junge Hannen harr. Aver dat he sik so good in de grote Familie utkennen de un mit so veel Geschick verstünn, för jedeneen en passen Wurd to finnen, dat weer jo nu würkli heel un deel afsünnerlich. Sogor för Grootvadder harr he wat, aver dat bröch he sülm na den Olen hen, legg em dat lütt Paket in 'n Schoot un strakel em dorbi sachen över 'n Kopp.

»Danke, Wiehnachtsmann«, sä de Grootvadder, »aver 'n Gedicht kann ik nich...« »Och... Grootvadder«, sä de Wiehnachtsmann.

Werner kreeg dat sogor fardig un versöch dat mit »Von drauß', vom Walde komm ich her, ich muß Euch sagen, es weihnachtet sehr...« Un as he bi »all überall auf den Tannenspitzen, sah ich güldene Lichtlein blitzen« weer, dor sä de Wiehnachtsmann ganz fründli: »Danke, Herr Perfesser, kannst nahsten mal verkloren, woso dat physikalisch to verstahn is«, un all lachen. Werner ok.

Op'tletzt harr he blots noch en ganz lütt Paket in de Hand. För Mudder. »Dat 's för di... Lene«, sä de Wiehnachtsmann, »un nu is höchste Tiet för mi. Heff vunnabend jo woll noch wat anners to beschicken.«

Se stünn vör em, och, un keem sik miteens so lütt vör gegen den groten Kierl. »Danke, mien leve... Wiehnachtsmann«, sä se liesen, »un velen Dank ok, dat du to uns kamen büst.« Se nehm dat lütt Paket warrafti mit 'n Knicks ut den Wiehnachtsmann sien Hannen.

De dreih sik miteens fixer na de Döör, as em dat as olen Mann egentli tostünn; aver denn kunn he 't jo woll nich laten, böög sik noch mal to ehr un sä halfluud, aver düdli:

»Un dat segg ik di, mien leve Deern, wenn nu glieks dat grote Utwickeln losgeiht, quäl di nich üm dat Gewöhl – dat höört dor nu mal to. Sühst jo, wo vergnöögt se nu all sünd. Dien Söhn ward di nahsten woll helpen, de Stuuv wedder in 'ne Reeg to bringen. Segg mal, wo is de Bengel överhaupt? Dat 'n sik op junge Lüüd nich eenmal verlaten kann... sogar du, mien Deern«, sett he noch ganz liesen to, »wat büst du doch mal för 'n unörnlichen Fluuskopp west!«

Un denn stünn he ok al in de Döör: »Tschüß, leve Lüüd!« reep he, un dat klüng mal verdächtig jung,

»blieft gesund! Un: Fröhliche Wiehnachten – för Ju all!« Rut weer he. 'n Ogenblick later full de Huusdöör in 't Slott.

Wieldess de Kinner dat al hild harrn, ehr Geschenken uttopacken, seten de Groten noch ganz verbaast – wat weer dat denn west? Dor harrn se sik doch warrafti all hatt as de Gören . . . aver wo jo nümms Speelverdarwer sien much, bleef jo gor nix anners över, as den Spijöök mittomaken. Oh, dor weren se sik all bannig enig üm un kregen op düsse Oort so langsam ehr Verfaat wedder.

Blots Grootvadder, de seet 'n beten tosomensackt in sien Sessel, dreih sien lütt Paket in de Hannen un sä so ganz liesen vör sik hen: »Wiehnachtsmann keek mi an, jo, jo, he keek mi an . . .« Aver Grootvadder weer jo al so old. De kunn dat woll wedder glöben.

☆ ☆ ☆

Reisen to Wiehnachten X

Hebbt wi en Glück hatt!

Eers harr dat Frost geben, vele Daag, un dat Thermometer weer dor meist in 'n Keller bi fullen. Denn wörr dat warmer, un dat geef 'n beten Snee, nich so veel, denn de Frost mell sik glieks trüch. Aver denn, meist op 'n Slag, keem ut 'n Westen Wind un Regen! Oha – un dat bedüüd Glattiis. Nee, dor kann'n nich mit'n Auto ünnerwegens sien, wenn 't nich sien mutt. Un wi harrn sowat Schööns vörhatt!

Aver op 't Weder kann 'n sik bi uns tolannen slecht verlaten. An 'n Sünndag weer miteens dat schönste Mützenweder – kloren Himmel, helle Sünn, 'n ganz poor Grad ünner Null, Straten dröög.

Jo, wi hebbt warrafti Glück hatt! So en schönen Dag – in düsse Johrstiet!

Un denn stünnen wi doch op 'n Diek – merrn in 't »Land meiner Väter«. Vör uns swüng sik de Stör gewaltig dörch de Masch, hen na de Elv. De Stör – wat hett de för 'n Bedüden hatt för mien Grootöllern, Urgrootöllern un so veel, de al vör jem dor weren, hier, twüschen Kremper un Wilster Masch. Al de Namen vun de Dörper dor, wat sünd se mi ut fröhe Kinnertiet vertruut:

Hodörp, wo mien Grootvadder boren is, op den Hoff, wo de Vöröllern siet, ik weet nich, wo lang al, op sitten deen; aver as tweetjüngste Söhn kunn he nich Buer sien, müss Koopmann warden.

Jo, un Beidenfleth, op de anner Siet vun de Stör, wo mien Grootmudder in en staatsch Huus to Welt keem: Urgrootvadder hannel mit Korn un Veeh, harr de Poststatschoon un'n groten Koopmannsladen babento. Oh, dor weet ik veel Geschichten, un se sünd nich jümmers lustig. Dor höört ok de vun Tante Christine to, de hier in de Stör as lütte Deern vun knapp fief Johren jüst Wiehnachtenabend verdrunken is. Se weer Grootmudder ehr jüngste Swester. Urgrootvadder harr noch op de anner Siet vun de Stör en Postsack henbrocht, harr de Lütt mitnahmen un as he op'n Trüchweg na Beidenfleth översetten wull, slöög dat Boot üm un he hett de Deern nich mehr holen kunnt. Dat iiskole Water reet ehr eenfach weg, in de Düsternis. He hett sik mit knappe Not an 't Över redden kunnt. Dor hebbt se em nahsten funnen, half verfroren. Aver he hett dat över'n Kopp kregen, harr vun de Tiet an en Grugen vör Wiehnachten.

Un mehr als hunnert Johren later stünnen Gustav un ik hier op den Diek in de kole Wintersünn. Iisschullen dreben op't Water na de Elv dal. Se küseln langsam üm'neen un dreben doch stüttig wieder. Wat de arme lütte Deern ok so mit den Stroom mitnahmen worden is? Grootmudder hett vun ehr blots jümmers as vun »Tante Christine« snackt – as weer se gor nich dood, nee, as weer se mit ehr dörch de Johren wussen, un groot un ok oolt worden, oolt noog, üm vun mi »Tante« nöömt to warden.

Dor günt, och jo, dor is Wewelsfleth, wo se de steenhatten »Stör-Kringel« backt, de uns Tante Amanda ut Brochdörp jümmers to Wiehnachten schicken de. Se weer dor Lehrersfru un ok op ehrn Mann, Unkel Hinrich, kann ik mi noch good besinnen, un op sien runnen Buuk, sien gewaltigen Snauzboort un den groten, gemütlichen Hund mit dat weke Fell.

Un dor ganz achtern, dor mutt jiechenswo Wilster liggen, de lütte Landstadt, wo mien Grootvadder en Laden harr un dor nich mit togangen kamen kunn un dorüm na Amerika utwanner un sien Fru mit dree lütte Kinner eersmal trüchleet. Un wo dat denn ok bi bleef... Sien Brefen ut Amerika heff ik noch. Grootmudder harr se all opbewohrt.

Ik weet nich, is viellicht blots för mi so schön, hier to stahn un an de to denken, de vör mi hier över 't Land keken hebbt. De ehr Maat an Kummer un Elend riekli noog todeelt kregen aver de ok to leben verstünnen, de sik freihn kunnen, jo, un de ganz besünners good wüssen, wat smeckt! »Eten un Drinken höllt Lief un Seel tosomen«, sä mien Grootmudder jümmers un sett denn noch to: »...en braadte Goos is 'n snakschen Vagel; för een is dat 'n beten veel un för twee to wenig...« Na, ik weet nich, ganz so dull hett se dat woll nich meent.

Blots wenn ik mi mal dat urole, half verkrünkelte Kaakbook ankiek, wo se mit spitze Fedder de Rezepten opschreben hett, de to ehr Tiet so begäng weren, denn kümmt mi uns Oort to eten un to drinken arig wat kümmerlich vör. Al wenn ik an den Plumpudding denk, den se to Wiehnachten op'n Disch setten de! Oder an de twee Pund Botter un de veer Pund Puderzucker, de Grootmudder mit acht Pund Mehl to witte Pepernööt bruken müss!

Un wat Unkel Julius weer, Grootmudder ehr Broder, ik glööv, de is in St. Margarethen mit sien Veehhannel good togangen kamen; aver Wiehnachtenabend weer sien Allerbest keen Goos un keen Karpen, nee, he much dat lever eenfach: En frisch Swattbroot, wo dat Binnerste rutpuult un denn ganz mit braadt Hackfleesch utstoppt weer. Un wenn't na em gahn weer, denn harr dat ganze Johr över Wiehnachtenabend sien kunnt. Wenn he düt Broot nu mit 'n poor Beer un Kööm rünnerspölen un denn noch 'n poor Punschen achterran setten kunn, denn weer he rundum tofreden.

Op Punsch, dor verstünn Grootmudder sik, verdori: Een Buddel Rum, aver vun 'n besten! –, een Pund Zucker, en halben Buddel Rotwien, twee Zitronen un 'n Pott vull starken Tee, dor kunn 'n wiss nich blots warme Fööt vun kriegen!

Jo, an so'n schönen Winterdag op den Stör-Diek över' de Masch kieken, wo good harrn wi denn woll so 'n arigen Punsch verdregen kunnt. Aver ik glööv, wat uns Vöröllern so wegsett hebbt, dat wörr uns hüüttodaags reinweg krank maken. Sünd wi nu al so verpimpelt oder verstaht wi mehr vun »gesunde Lebensoort«? Un liekers sünd de mehrsten in uns Familie steenoolt worden. Över de negentig rut kemen se meist all.

Ganz verklaamt sünd wi wedder na uns Auto hen, hebbt uns so richdig vörstellt, wo good nu blots een enkelt lütt Glas vun Grootmudder ehrn Punsch smekken wörr... blots dor alleen kunnen de Fööt ok nich vun warmer warden. Dat kunn eers de Autoheizung maken, as wi wiederföhren, hen na Glückstadt an de Elv.

Wat is dat doch mal för 'n smucke Stadt worrn! Ok nu, in 'n Winter un mit al ehrn Wiehnachtssmuck! In mien Kinnerjohrn weer se blots oolt un gries. Un de smallen Straten mit dat ool huckelige Plaster so düster. To de Tiet is noch keen Minsch op de Idee kamen, dat een ut en lütte Stadt mit so ole Hüüs meist en Smuckstück maken kann. Nee, egentli weer se mi unheemli, de ole Stadt, wo dat ok noch so afsünnerlich rüken de...

Blots bi Unkel Richard kunn ik dat vergeten. De weer Slachtermeister, un in sien groten Laden blitz un blänker dat, weer en Lust dat antosehn! An 'n levsten much ik de Kachelbiller bekieken, de as so 'n Oort Billergeschicht rundüm lanks de Wand lepen un de so nett un appetitlich wiesen deen, wo so'n Slachter ut mächtige Ossen un fette Swien handliche Bradenstükken, Specksieden un Wüss maakt.

Mal weer ik mit mien Öllern to 'n Wiehnachtseten bi Unkel Richard un Tante Martha inlaadt. Un Tante Martha, na, de kunn viellicht kaken – tominnst sä mien Mudder dat. Wat Grootmudder, also Mudder ehr Swiegermudder, gor nich so giern hören much. Se leet blots en schöne fette Goos as Wiehnachtseten gellen, mit Rotkohl, versteiht sik, un vörnwech en dicke Schokoladensupp mit witte Klümp ut Eierschuum. Un Tante Martha, de jo nu alle Daag Fleesch satt hebben kunn, de weer mehr för Fisch. Karpen to 'n Bispill. Schöön mit Kantüffeln, Botter un Slagsahn. Aver nich to knapp.

Ut Krempe schullen jo ok noch Unkel Marx un Tante Elsabe kamen, blots de leten op sik töben. To argerlich sowat. Bi 'n Karpeneten mutt 'n pünktlich anfangen, anners is dor jo dat Best vun weg. Na, endli kemen de beiden doch noch an to hachpachen. Jo, se harrn man eers Abendbrot eten, vertellten se troschüllig, Wittsuer vun en schöne Goos. Un denn hebbt se sik an 'n Disch sett un sik mit goden Appetit över den Karpen hermaakt. Se weren eben noch vun den olen Slag, wo't heten de: »Dat is en slechten Kierl, de nich twee Mahltieden op'nanner setten kann.«

Och, mien leev ool Glückstadt... wat Unkel Richard un all de annern sik dor woll noch trechtfinnen kunnen? Mank all de olen Hüüs in de niegen Kleder? Nich mal rüken deiht't noch so as fröher – blots anners. Un rund üm den groten Marktplatz mutt een al oppassen, dat een nich ünner de Rööd kümmt. Aver all mien Lüüd, de mööt keen Bang mehr hebben. Se hebbt al lang den Lepel för jümmers ut de Hand leggt un ehr Spören sünd verswunnen.

An'n fröhen Vörmeddag weren Gustav un ik in Brochdörp över'n Karkhof gahn, wullen na dat Graff vun Tante Amanda un Unkel Hinrich söken. Wi kunnen dat narms finnen; aver en olen Mann vertell uns, dat weer nich mehr dor, de Tiet weer aflopen. Tjä, so is dat.

Den ganzen Dag över harrn wi nix eten; aver nu hebbt wi uns in Glückstadt ganz wat Godes günnt. In en fein Restaurant, so oolt, dat mien Unkel Richard dat wiss ok al kennt hett. Hebbt vun de Minschen snackt, op de ehr Spören wi vundaag ünnerwegens weren un hebbt uns dat smecken laten. Nee, keen Goos un ok keen Karpen. Matjes, dor verstaht se sik in Glückstadt so besünners good op...

☆

Ödipus

»Ödipus mutt weg! Den Swienkraam will ik nich mehr hebben!«

»Och Mudder! Nu laat doch... ik maak dat jo al! ...Ödipus, schaam di wat!«

Nee, stubenrein weer Ödipus nich, dat weer em nich bitobringen. Dorbi keek he mit siene blauen Ogen so truschüllig un legg dorbi sien Kopp 'n beten scheef, as wull he sik enschülligen.

»Narrenkraam«, harr ehr Broder schimpt, »dor hest di schöön wat mit opsackt! De hett jo 'n Mudderkomplex!«

Un so weer Ödipus to sien Namen kamen. Un dat seech ganz so ut, as weer he dor ok bannig stolt op. Tominnst de he allens, wat to sien Namen passen de: He güng ehr nich vun de Siet. Un wenn se em nich mitnehmen wull, denn geef dat en grooten Krakeel.

Nee, so kunn dat nich wiedergahn, Ödipus müss ut 't Huus!

Un wat harrn se tosomen för 'n schönen Summer hatt! In't fröhe Vörjohr harr Antje sik dat Been braken. Se harr dor nich mehr mit rekent, dat't över

Nacht noch mal Frost geben kunn. De lütt Pütt so eben vör de Huusdör harr se gor nich sehn. Un dat harr Folgen hatt. Ödipus höör dor ok mit to.

Na ja, as dat so is: Groten Schreck, asige Wehdaag, Krankenhuus, Operatschoon, un sowat treckt sik över Weken! Weer man en Glück, dat Mudder ehr de schöne Stuuv överlaten kunn, de na 'n Goorn rutgüng. Wat harr Antje woll in ehr lütt Etagenwahnung anfangen kunnt, mit Gipsbeen, Krücken un wat dor sünst noch allens mit vermaakt is?

Un denn keem Dieter. Keem eenfach so över 'n Goorntuun kladdert, mit 'n groten Karton in de Hann. Vun wieden wink he Antje al to, de schöön warm todeckt in de Terrassendöör seet un sik vun de Vörjohrssünn över 't Gesicht strakeln leet.

»Nanu, wat hest du denn dor?« reep se.

»Wi wüllt blots mal kieken, wo di dat geiht – blots för 'n ganz lütten Ogenblick!« Un denn höll he ehr den Karton hen.

»Nee! Wat sünd de sööt!!« Luder Küken tappeln dor in rüm, lüerlütte Kluuns ut weke, weke Feddern. Mit swatte runne Ogen un ganz lütte spitze Snavels.

»Du muchs de doch jümmers so giern sehn«, smuster Dieter, »un wenn du nu nich to uns röver kamen kannst, denn mööt se mal to di kamen!«

Dieter sien Vadder bedreef en grote Höhnertocht un dör hörten ok Brutapparaten to. Al as Kinner muchen se giern tokieken, wo sik de Küken ut 't Ei wöhlen deen un 'n poor Ogenblicke later lopen un picken kunnen. Dormols harr se sik jümmers so en Küken wünscht, un wull gor nich insehn, dat so 'n lütt

Höhnerkind sik ganz alleen gor nich woll föhlen kunn.

»Wat liggt dor denn noch? Dat's doch keen Höhnerküken!«

Dieter greep ganz vörsichdig na dat lütt Deert, sett sik dat op de flache Hand un höll Antje dat hen: »De is över. Kannst kriegen. Wi köönt den nich bruken. Wenn du den groot kriggst, denn hebt Ji 'n feinen Wiehnachtsbraden.«

Weer 'n Gössel, un as dat nu sien lütten Kopp 'n beten scheef leggen de un Antje mit een gneterswatt Oog ankeek, dor weer dat sotoseggen »Liebe auf den ersten Blick«. Gegensiedig.

Nümms kunn ok blots ahnen, wat dat för Folgen harr... op jeden Fall keem nu en opregende Tiet. För't ganze Huus un för jedeneen, de dor tohöör. Un wiss ok för dat Gössel, dat mit de Tiet to en mächtigen Ganter ranwussen weer. He weer sotoseggen »Kind in 't Huus«, un so benehm he sik ok. Weer gor nich eenfach west em bitobringen, dat Antje ok mal alleen jiechenswo hengahn müss un dat se em nu würkli nich mit ünner de Bettdeeck nehmen kunn.

As se endli so wiet weer un ehrn Deenst wedder opnehmen un denn ok wedder in ehr egen Wahnung trüch wull, wat geef dat för'n Krakeel! Wenn Antje nich dor weer, much Ödipus nich freten un nich supen. Sünst weer he jo nett üm sik to hebben. Un wat weer dat putzig, wenn he dörch den Goorn stolzeer, den Kopp so hoch, as de Hals dat tolaten wull un so 'n Utdruck in sien Goosgesicht harr, as wörr em Huus un Goorn ganz alleen tohören. Antje ehr Broder harr em

’n smucken lütten Stall timmert. Sotoseggen as Slaapkamer. Blots dat geef jedes Mal en groot Theater, wenn he abends to Bedd bröcht warden schull. Vun alleen güng he nich. He harr veel Talent för dat Dramatische. Wenn he wat schull, wat he nich wull, denn kunn he krieschen, dat de Lüüd in de Ümgegend dachen, dor schull een ümbröcht warden. Scharper as en Wachhund föhr he op jeden Frömden los, de unverwohrens op ’t Grundstück keem. Dor keem so licht keen wedder, de dat eenmal beleevt harr.

Op de Duer güng dat nich, un Ödipus to ’n Wiehnachtsbraden maken, dor weer nich mal an to denken!

Nu harr Antje ehr jüngste Süster op ’n Buernhoff heiraadt, glieks achter Hannover. De kenn Ödipus al, un Antje schull em man jo sülm bringen, harr se seggt, mit de annern Göös wörr he sik nahsten woll verdregen. Un wo ehr öllste Süster sik för twee Daag frie maken kunn un överto ehr nieges Auto mal so richdig op Touren bringen wull, paß dat allens good un bleef sotoseggen in de Familie. Ödipus müss sik nich eers an frömde Lüüd wennen. Dat harr Maleschen geben kunnt.

In de Week vör Wiehnachten güng de Reis’ jo los. Doris ehr nieges Auto weer würkli bannig schick; un dat dor man jo nix malören de, wörr achtern allens dick mit Papier utleggt, Ödipus keem in en gemütlichen groten Korf to sitten, schöön week mit Stroh utpolstert, ok en Putt mit Water un ’n beten wat to freten pass dor noch mit rin. Beter kunn he dat nu würkli nich hebben. Eers keek he sik jo allens vull Mißtroen an, aver so lang he Antje op Sicht harr, bleef he ganz ümgänglich. Se sett sik blangen Doris ok so hen, dat se em jümmers mal tonücken un em över'n Kopp eien kunn.

Ganz sachen föhr Doris an. Ödipus reck sien Kopp tohöcht – seech he, wo de Rest vun »sien Lüüd« an de Goorn-Poort stünn un to 'n Adjüs noch mal winken deh? Nee, gottloff, he trock den Kopp wedder trüch un seet, ruhig un stolt as en Staatsmann, de sik dörch't Land kutscheren lett. Blots na 'n halbe Stünn wörr em dat jo woll to langwielig un he füng an, sik in sien Korf to rögen.

»Ruhig, Ödipus«, Antje strakel em övern Rüüch un versöch, em dor sachen mit dal to drücken. För 't erste hölp dat. Aver nich lang. He füng wedder an, in sien Korf to wöhlen. Doris föhr rechts ran, jüst an de Tofohrt vun en Acker.

De beiden Süstern snacken op Ödipus in, he much doch ganz ruhig blieben; se wullen doch en schöne Reis' maken, un wenn he sik good schicken de, den wören se em op en groten, groten Hoff bringen, wo dat ganz veel nette witte Göös geef, mit de kunn he den ganzen Dag un ok de Nacht tosomen sien. Jo, jo, jo, ganz ruhig schull he blieben... Ödipus keek so klook, as harr he jedes Wurd verstahn, leet sik kraueln un möök vör luder Vergnögen de Ogen to. Blots wenn Doris sik ümdreih un den Motor wedder anlaten wull, den möök he den Hals lang un keek bannig interessiert, wat se dor woll vörharr.

Dor sehn se, wo en Trecker över den Acker rullt keem. De wull wiss dörch de Tofahrt rut op de Straat.

»Wüllt wi den nich mal fragen«, meen Antje, »wat he Ödipus nich to sik nehmen will? Ik meen, so in

Pleeg. Denn is he doch nich ganz so wied weg, un wi köönt em mal besöken.«

Dor weer de Trecker ok al ran, kunn jo nu nich rut; aver ehrer de Mann noch wat seggen kunn, weer Doris al utstegen un güng op em to. Antje glieks achterran.

»Ach, entschuldigen Sie bitte«, reep Doris, un strahl so veel Fründlichkeit un Schick un Charme ut, dat de Mann forts den Motor afstell. »Wir wollten Sie gern etwas fragen«, Antje stünn ehr Süster in nix na; wenn 't op ankeem, kunn se en Smustern opsetten – eenfach sööt! Dor sprüng de Mann vun sien Trecker rünner. In sien gröne Lodenjopp un de hogen Gummistebeln an de afschüerten Manchesterbüxen seech he ut, as weer he de Buer.

»Haben Sie sich wohl verfahren?« He grien över 't ganze Gesicht.

Doris sä fründlich un heel sachen: »Wissen Sie, wir haben da einen großen Gänserich. Also, wirklich, einen sehr großen...«

»Wie bitte? Einen – was...?« De Mann keek Doris verdattert an, dach woll, he höör nich richdig.

»Ach, kommen Sie doch bitte eben mal mit zum Auto, dann können wir Ihnen das besser erklären...« Ok Antje versöch to strahlen as de leve Sünn persönlich, dorbi weer ehr dor gor nich ganz woll bi. Nu al vun Ödipus Afscheed nehmen... aver se keem dor nich mehr to, düssen Gedanken wieder to denken.

De Mann weer man knapp op den Wagen 'n poor Schreed togahn, dor keem Ödipus in 'ne Höchte un zisch 'em so böös un so gefährli an, dat he för Schreck sien Arms hochböör un so gau, as he man kunn to sien Trecker trüchleep, den Motor ansmeet, dat Stüerrad scharp na links dreih un afsuus, as weer de Düvel achter em ran.

»Oh Gottogottogoot«, süüfz Doris un klemm sik wedder op ehrn Fohrersitz. »Is jo al good, Ödipus«, sä Antje un strakel em övern Kopp, »ik blief doch bi di – un du bliffst bi uns. Jo, ganz ruhig, di deiht nümms wat.« Dor sett de grote Vagel sik weder hen, steek den Kopp ünner en Flünk un sleep nu jo woll in.

Doris harr in Hamborg noch ganz nödig wat to besorgen. Ok Antje wull bi de Gelegenheit all de schönen Lichterkeden un Steerns un de prachtvullen Utlagen bewunnern – ok wenn 't man blots för 'n halbe Stünn weer. Ödipus sleep. Twüschendörch böör he mal den Kopp un dat leet, as keek he ut 't Finster. Aver he bleef ganz ruhig sitten, an 't Autofohren harr he sik woll wennt.

Mit veel Glück funnen se op'n Niegen Wall en frie Parkuhr. Ödipus seet ganz ruhig un sleep. Lang wullen se jo nich wegblieben, de beiden; Antje neem ehr grotes rodes Wulldook un legg dat vörsichtig över den groten Korf; Ödipus schull jo nich unruhig warden; allens rundüm weer jo so frömd för em. Un Doris schoof dat Sünnendack en Handbreet op, dat man jo noog frische Luft in 't Auto keem.

Dat harr nich mal en halbe Stünn duert, dor weeren se mit allens trecht un harrn miteens dat Geföhl, as müssen se sik bannig beielen. Se bögen vun 'n Jungfernstieg jüst na 'n Niegen Wall rin, dor sehn se al 'n ganzen Hümpel Lüüd sik tosomendrängeln, wo se den Wagen afstellt harrn. Du leve Tiet, wat weer dor passeert? En Mallöör? Aver de Lüüd lachen, schüddköppten, schupsten sik un kunnen sik för Vergnögen eers recht nich laten, as de beiden Damen ansuust kemen un sik mit en Schrie to ehr Auto dörchboxen dehn. Aver de nächste Schrie bleev jem in 'n Hals stecken.

Denn vun't Wagendack her keem ok en Schrie! Ödipus stünn op sien Korf, strahlend witt un hoch opreckt, krakehl he dörch den breden Slitz vun 't Sünnendack wat sien Stimm man hergeben wull; dat rode Wulldook as en Königsmantel övern Rüch, sloog he gewaltig mit de Flünken, un dat seech bannig theatralisch ut. De Korf mit de Water- un de Futterschöttel weer ümkippt, un nich blots dat Stroh leeg överall, nee, in all sien Opgereegtheit weer Ödipus jo woll reinweg explodiert! Un de Spören seeten sogor noch dor, wo de »Gänseanatomie« dat egentli gor nich tolaten kunn. De schöne niege Wagen harr veel an Eleganz tosett...

So good as 't jiechens ging, wischen de beiden Damens mit veel Papierdaschendöker dat Gröffste vun de beiden Vörder-Sittels af, versöchen ok de Frontschief halfwegs kloor to kriegen, un jümmers mit Publikum, dat sik för Lachen nich holen kunn. Denn aver geef Doris Gas un suus, all wat se man kunn, hen na de Autobahn. Ödipus seet ganz ruhig op de Achterbank, harr sik in all den Dreck so richdig trechtwöhlt. För em weer de Welt wedder ganz in'ne Reeg.

As se nu endlich an 't Mal kemen, harr ehr Süster al op de beiden, dat heet, op de dree luert. Eers müss se sik twors vun den Schreck verhalen, as se Doris ehr nieges Auto seech, aver de Hauptsaak weer jo eersmal, Ödipus mit sien niegen Genossen bekannt to maken. Dat leet eers, as keem he ut ’t Wunnerwarken gor nich rut: He harr doch sien Leefdag noch keen Göös sehn! Aver op jiechenseen Oort kreeg he woll spitz, dat düsse frömden witten Vagels desülwige Spraak snacken dehn as he ... nich mal mit den annern Ganter kreeg he sik bi de Plünnen.

Dat duer sien Tiet, dor reep Antje ehr Süster ut Hannover an. Ödipus güng dat prima, vertell se, de seet jüst op sien Eier to bröden. Un ’n Tiet later föhren Antje un Doris wedder mal hen un kemen dor jüst op to, wo Ödipus mit all sien Gössel stolt över den Hoff stolzeer. Se harrn em jo wull vun Anfang an ganz verkehrt inschätzt. Blots dat is bi Göös jo ok nich so eenfach ...

☆ ☆ ☆

Reisen to Wiehnachten XI

»Ach nein, wo haben Sie das denn her?«

Gustav un ik harrn Besök. Den Mann kennen wi al lang, aver sien Fru weer dat erste Mal bi uns. Un nu stünn se vör unsen smucken holten Armlüchter mit de söben Kerzen un keek em an, as wull se gor nich glöben, wat se dor vör Ogen harr.

»Den haben wir mal mitgebracht«, sä Gustav, »wir mochten ihn so gern leiden.«

So'n beten müss ik mi jo wunnern; ok wenn 't en heel smucken Lüchter weer, wunnerschöön dresselt ut ganz düsterrood Holt; aver mi keem dat so vör, as weer 't dat nich alleen, wat de Fru dor so an to kieken harr.

»Wir haben noch so einen«, sä ik, »der sieht nur anders aus. Hat mein Mann mal zum Geburtstag geschenkt gekriegt. Von einem Freund.«

»Das muß aber ein guter Freund sein«, sä de Fru un wull den anner Lüchter ok giern sehn. »Oh ja«, reep se denn, »das ist ein ganz richtiger Siebenstern! Aus Bevensen, da kommt der her! Schön!«

»Aus Bad Bevensen«, sä Gustav un smuster sachen, »aber wieso ist dieser hier richtig? Der andere nicht? Kennen Sie Bad Bevensen?«

»Nein!« lach se, »ich kenn' bloß Bevensen. Da bin ich nämlich geboren, und zur Schule gegangen bin ich da auch. Sogar konfirmiert!«

So ganz verstünn ik ehr jo nich, aver se verkloor uns glieks, to ehr Kinnertiet, dor weer Bevensen nix as 'n lütt' ruhiges Nest, sietaf vun de groten Straten; harr twors 'n Bahnhoff un 'n richdig schönes oles Bahnhoffs-Hotel, as sik dat so höört – aver groot wat los weer dor nich west, to ehr Kinnertiet. Un gemütlich, jo, heel gemütli...

Ik harr den Söbensteern ut Bevensen op 'n Disch stellt un de Lichten ansteken. Dat weer Gustav sien. Dat Holt weer ganz hell mit fiene bunte Ringen utsmückt, in gröön, in root un geel.

»Und warum ist das der richtige«, wull Gustav weten, »und der andere nicht?«

Uns beiden Gäst smustern. »Ach wissen Sie«, meen de Mann, »das ist so eine Kindheitserinnerung. Und so etwas behält man. Wir haben auch so einen, hat meine Frau noch von zu Hause mitgebracht.«

»Den haben meine Großeltern schon gehabt«, sä se, »und Weihnachten sind wir damit immer zur Kirche gegangen. Alle Leute hatten so einen, glaub' ich, und am ersten Weihnachtstag, morgens um 6, mußten wir schon da sein. Das sah vielleicht schön aus, all die Siebensterne – in der ganzen Kirche!«

Ehr Ogen strahlten as se dat vertell. Un mal harr se sogor de Wiehnachtsgeschicht opseggen müßt, vör all de Lüüd! Nee, wat weer se opgereegt west. Harr nich veel an fehlt, dor weer se steken bleven. Se kreeg meist hüüt noch rode Backen, wenn se dor an denken de.

Du leve Tiet – Wiehnachtenmorgen Klock söß! Vörstellen kunn ik mi dat nich.

»Heute vermisse ich das manchmal«, sä se un süüfz,

»das war dann richtig Weihnachten. Und Bevensen...«

»... war noch Bevensen«, sett ehr Mann to un klopp ehr ganz sachen op de Hand, »das lass nu man mal. War doch 'n bißchen verschlafenes Nest. Hat sich doch gut rausgemacht, so als Bad, kann doch keiner abstreiten. Und außerdem hält sich das da ja alles noch in Grenzen. Ist ja schließlich nicht Mallorca...«

Oh nee, dat weer't würkli ni. Dat wüssen Gustav un ik jo nu ok. Wi muchen dor jümmers giern sien; in uns Ogen weer de lütte Stadt mit de Johrn jümmers smukker worden. Aver dat süht een, de dor groot worden is, viellicht ganz anners.

Wi weren jümmers blots Gäst west, harrn uns freiht an de schöne Gegend, an de wunnerboren Wegen, de 'n dor maken kunn, harrn uns Gesundheit pleegt un harrn dat jedes Mal 'n beten beduert, wenn wi wedder weg müssen. Wi harrn jo Plichten un nich to knapp.

De an so en Stä' groot worden is, de mutt dat ganz anners sehn, wenn de Biller ut sien Kinner- un Jugendjohrn sik so verännert, dat he sik sülm dor meist nich mehr in wedder finnen kann.

Aver de Welt dreiht sik un nix hett för jümmers Bestand. Blots wi Minschen, wi kööont dat nich glöben un meent, wi müssen doch eenmal finnen, wat nie un nümmer vergahn kann. Blots, mi düch, wi söcht dor jümmers an de verkehrte Stä 'na...

»Aber welcher ist denn nun der richtige Siebenstern«, Gustav geef jo nich na, »der helle mit den bunten Ringen oder der dunkle?«

De Fru tuck 'n beten verlegen mit de Schüllern:

»Ach, ich weiß nicht... wir hatten so einen hellen und ich glaub', die anderen auch. Die aus dem dunklen Holz, die kamen erst später. Aber die Schützengilde, die hatte sogar welche aus Silber! Mein Großvater war mal Schützenkönig, der hat uns das erzählt. Das fanden wir als Kinder natürlich toll!«

Wi hebbt an den Abend noch lang över den Söbensteern snackt un wat de woll för 'n Bedüden hebben kunn. De Söben is jo jümmers för de Minschen en ganz besünnere Tall west – un nich eers för de Christenminschen! Uns beiden Gäst wüssen to vertellen, dat in de ganz olen Söbensteerns noch Teeken inritzt sien schullen, de bi de Vöröllern in griesgrimmelige Tieden 'n hillig Bedüden harrn un dat dor ok de söben Lichten en Symbol för weren.

As wi uns Gäst laat an 'n Abend noch an 't Auto bröcht harrn un wedder op uns Huus to güngen, bleef Gustav miteens vör de Huusdöör stahn un keek na 'n Heben rop. De Nacht weer koold un de Heben deepswatt un kloor, de Steerns funkeln man so.

»Ik glööv, ik weet, wo wi henfohrt, to Wiehnachten«, sä he. He tööf gor nich, wat ik dor noch op seggen wull. Stillswiegens güngen wi na uns Wahnung rop, un as wi in de warme Wahnstuuv kemen, nehm he de afbrennten Stummel vun den Söbensteern un lang mi den Lüchter hen: »Un den nehmt wi mit«, sä he.

☆

De Söbensteern vun Bevensen

Wiehnachtenabend strahlt in uns Karken de Lichten so festlich as to keen anner Tiet in 't Johr. De Gemeen singt de olen Leder un luustert wedder düsse ole Geschicht: »Es begab sich aber zu der Zeit...«, bi de jedereen in Gedanken de Wöör mitspreken kann: »...und Friede auf Erden, und den Menschen ein Wohlgefallen.«

In Neddersassen, dicht bi de Lüneborger Heid', so twüschen Lüneborg, dat malinst mit sien Solt so riek worden is un Uelzen, dat ok mit all sien Zucker so riek nich mehr warden kann, also dor twüschen Solt un Zucker leeg al siet ole Tieden en lütten Oort, de hett Bevensen heten, de Lüüd seggt dor Bähmsen to. Keen Dörp un al gor keen Stadt, nee, Bähmsen weer en Flecken, wo de Buern ut de Dörper rundüm ehr Waar to Markt bringen kunnen, wo Kooplüüd un Handwarker ehr Brood verdeenten, wo Gericht holen un Recht spraken wörr un wo't, dat versteiht sik, en Raathuus, en School un en Kark geef.

Nu weer Bähmsen en lütt bescheiden Fleckensgemeen, as dat veel bi uns tolannen geben de. Süük, Brand un Krieg harrn de Minschen, as överall, över sik hengahn laten müss. Dor weren nich blots Huus un Hoff, dor weer ok männig olen Bruuk mit de Tiet vergeten un verlaren.

Aver vun allens muchen se doch nich laten: Siet ole Tieden weer 't in Bähmsen begäng, an'n 1. Wiehnachtsdag, morgens Klock soß, in de Kark en Christmette to fiern. So maakt se dat ok bi de Kathoolschen, aver dor weren de Minschen in de Gegend hier jo al siet de Reformation vun af, un dor wull ok nümms wat an ännern. Blots de Christmette, Wiehnachtenmorgen Klock soß, nee, de wullen de Lüd nich missen.

Nu kann'n en Gottsdeenst jo nich in'n Düstern afholen un Licht köst nu mal Geld. So riekli harrn se dat in Bähmsen nie hatt un de Kark al gor nich. De Karkenjuraten, hüüttodaags is dat de Karkenvörstand, de weren för dat Geld tostännig un müssen den Dumen fast op den Büdel holen, dor dörf jo nix unnödig verkleiht warrn. Se müssen för Recht un Ordnung sorgen un harrn dor ok en hilligen Eid op swören müsst.

De Karkenjuraten pass dat al lang nich, wenn de Lüüd ok noch fröhmorgens för en Gottesdeenst Licht bruken wullen; to 'n Singen un Beden harrn se doch jüst to Wiehnachten Gelegenheit noog. Un överto weer Bähmsen de eenzigst Gemeen wiet in siet, de an so 'n olen Bruuk ut de kathoolsche Tiet noch fastholen wull. Nee, dor wullen se nich ok noch Geld för utgeben!

Tjä, wat weer dor to maken? Nich mal de Paster kunn dor gegen an, wat de Karkenjuraten beslaten harrn. Överto weer he old un krank. Aver he harr en jungen Paster as Hölpsmann, un de leet sik wat infallen.

He wüss, dat de mehrsten Familien en bestimmte Oort vun Lüchter in 't Huus harrn, den se »Söbenstern« nömen deen. Dat weer nix as en slichten runnen Stock ut Holt, 'n knappe Eel lang un baben en beten dünner as ünnen. De seet fast in en holten Krüüz as

Foot. Dree smalle Breed mit ’n Lock in de Mitt weren so op den Stock steken, dat se in ’n Afstand vun dree, veer Finger över ’nanner to sitten kemen. Un wenn’n een Licht baben op den Stock un denn an beide Ennen vun de dree lütten Breed ok noch een fastmaken de un de Breed so över Krüüz schööv, dat de Lichten sik nich gegensiedig ansengeln kunnen, denn weer dat en Söbensteern. Un so een harrn se all in’t Huus. Dat weer al siet ole Tieden so west.

Un düsse Söbensteerns, harr de junge Paster seggt, de schullen se man all to de Christmette mitbringen, an ’n 1. Wiehnachtsdag morgens Klock söß. So veel Lichten, dat müss denn jo woll langen, un Warms geef dat ok. Un de Karkenjuraten, de harrn dor nix mit to kriegen.

1842, dor sünd se denn warrafti all mit ehr Söbensteerns in de Hand vun wiet un siet in alle Herrgottsfröh na Kark trocken, Ole un Junge, ut Bähmsen un ok ut all de Dörper rundüm, de to de Gemeen hören deen.

Un dor sünd se bi bleben, in Bähmsen, bet op den hütigen Dag.

Blots dat ut den lütt bescheiden Flecken en lütt smucke Stadt worden is, de vör ehrn olen Namen sogar dat kostbore Wort »Bad« setten dörf un wied över Neddersassen rut bekannt worrn is. Un dat ok de Söbensteern nich mehr blots ’n egenmaakt Holtgestell ut’n Stock un dree Breed is; hüüt is he dresselt ut fein Holt un is en Smuck för jede Stuuv.

Aver jümmers noch kaamt se mit ehr Söbensteerns, vun alle Sieden, un wenn’t man jiechens geiht, to Foot. Dat höört dor to. Un wenn de Wind nich gor to rusig geiht, steekt se de söben Lichten noch buten vör de Karkendöör an un treed mit den brennen Lüchter in.

Veelhunnert Söbensteerns staht denn op lange Dischen in 'n Middelgang twüschen de Karkenbänk, staht baben op Breed lanks de Emporen, un blangen den Altar reckt sik twee Dannenbööm un ok dor staht twee ganz besünners grote Söbensteerns.

De olen Bähmser Familien, se hebbt jo all ehrn bestimmten Platz in de Kark. Aver den to wohren is düttmal gor nich so eenfach. Mit de Johrn kaamt jümmers mehr Minschen, ut Lüneborg un Uelzen, ut Hamborg un Hannover; all hebbt se sik noch meist in 'ne Nacht op 'n Padd maakt, wieldat se morgens Klock soß den Söbensteerngottsdeenst in de Dreekönigskark vun Bähmsen mitbeleben wüllt. Dat ward meist heel eng in de Kark, aver kann 'n de Minschen eenfach buten stahn laten, de so 'n langen Weg al op sik nahmen hebbt?

Denn singt se all tosomen de olen Wiehnachtsleder, dree Kunfermanden mööt de Wiehnachtsgeschicht' opseggen – Lukas, dat tweete Kapitel, Vers 1 bet 20, – aver butenkopps! Jo, dat höört dor ok mit to. Un ok de Söbensteern-Leder, de mal en düchdigen Kanter för den Kinnerchor maakt harr. De Traditschoon hett mit de Johrn Ringen ansett, as en Boom, de dörch de Tiet wasst un dorbi jümmers staatscher warden deit.

Aver dat Allerbest kümmt to'n Sluß: Wenn dat letzte Leed sungen is un de Minschen den Wiehnachtssegen in sik rinlaten hebbt, denn nehmt se all ehr Söbensteerns un gaht sinnig rut – un dor höört bi so veel Lüüd al Gedüür to. So gau kann dat nich gahn. Aver dat mutt ok nich. Jedereen hett de Tiet, de nödig is, un jedereen wünscht den annern, wat he nu Fründ oder frömd is, en gode Wiehnachten – un meent dat in düssen Ogenblick ok so.

Wieldess geiht dat op halbig acht to, dat fangt al an to schummern an düssen Wiehnachtenmorgen. Un se gaht na Huus, de Lüüd, mit ehr Söbensteerns in de Hand un en lütten Vörsmack vun den »Morgenglanz der Ewigkeit« in ehr Hart.

☆ ☆ ☆